50대
남자를
위한
심리학

50대 남자를 위한 심리학

초판 1쇄 발행 2022년 12월 29일

지은이	가토 다이조
옮긴이	석주원
디자인	희림
펴낸곳	디 이니셔티브
출판신고	2019년 6월 3일 제2019-000061호
주소	서울특별시 마포구 토정로 53-13 3층
팩스	050-4207-8954
메일	the.initiative63@gmail.com
인스타그램	@4i.publisher
ISBN	979-11-91754-09-4 03180

- 이 책은 저작권법에 따라 보호를 받는 저작물이므로 무단 전재와 복제를 금지하며 이 책의 전부 혹은 일부를 이용하려면 반드시 저자와 디 이니셔티브의 서면 동의를 받아야 합니다.
- 잘못된 책은 구매하신 곳에서 바꾸어 드립니다.

50대
남자를
위한
심리학

나는
성공한 걸까
희생한 걸까

가토 다이조 지음
석주원 옮김

———

흔히 '50부터 어떻게 살아갈지'를 이야기합니다. 하지만 50은 그때까지 살아온 삶의 결과이지, 50부터 어떻게 살아야 할지의 문제가 아닙니다.

사회적·육체적으로 50이 되었다고 해서 심리적으로도 50은 아닙니다. 심리적으로는 다섯 살인 사람도 있고, 나이보다 성숙한 사람은 일흔의 정서를 보이기도 합니다.

다시 말해 '어른 아이'가 있는가 하면, '아름다운 노년'으로 준비가 된 사람도 있습니다. 나이가 같다고 모두 같은 50이라고 생각한다면 착각입니다.

유소년기든 노년기든 인간은 무한한 가능성으로 채워

져 있습니다. 다만 이를 실현하기 위한 조건이 있습니다. 어떤 시기에 해결하지 못한 심리적 과제가 있다면 먼저 이것을 털어내고 그 나이에 맞는 심리적 나이를 찾는 것입니다.

청년기에 폭음이나 폭식을 하면 중장년기가 되어 몸 여기저기에 안 좋은 증상이 나타나듯이 심리적으로도 마찬가지입니다.

청년기를 '자아 가치 붕괴에 대한 방어적 태도'로 보내면 중장년기가 되어 여러 가지 어려움이 따르게 됩니다. 예를 들면, '불안에 대한 소극적 회피'로 일컬어지는 자기 합리화, 현실 부인, 도피, 더 나아가 여러 의존증을 겪으며 청년기를 보냈다면, 그로 인한 상처가 중장년기에 드러납니다.

심리적으로 '어른 아이'는 법적으로 결혼을 인정받는 나이가 되어 인연을 맺어도 원만한 결혼생활 유지에 어려움을 겪을 가능성이 큽니다. 게다가 이런 어려움이나 실패가 자신이 정서적으로 미성숙해서라는 것을 인정하지 않고 오히려 가정폭력을 일삼거나 술에 빠져들기도 합니다.

흔히 '부모에게서 벗어난다'고 말하는데 이를 받아들이는 심리적 문제의 크기는 사람마다 다릅니다. 심리적으로 독립하여 50을 맞이하는 사람도 있지만, 부모에게서 자립하지 못해 연애도 실패하고 사회인으로서 역할도 제대로 하지 못한 채 50이 되는 사람도 있습니다.

또 나이가 들수록 육체적으로는 시야가 좁아져도 마음의 시야는 오히려 더 넓어져 심리적인 고민에서 해방되는 사람도 있지만, 나이가 들수록 완고해지기만 해서 시야가 점점 좁아지는 사람도 있습니다.

그런데 나이가 들어서도 '적극적 변화'는 일어날 수 있을까요?[1] 노인 연구 전문가들은 그럴 수 있다고 말합니다. 여기에서 중요한 것은 '기준의 변경'[2]입니다. 더 나은 삶을 위해 기준을 변경하려면 자신의 인생을 책임지는 결단이 중요합니다. 다만 이런 의견은 나이가 들어도 '심

---

1) 캐슬린 스타센 버거, 《The Developing Person through the Life Span(평생 동안 발전하는 사람)》
2) 1)과 같은 책

리적 측면'에서 변화할 수 있다는 것이지 사회적·육체적 측면에서 적극적으로 변화할 수 있다는 의미는 아닙니다.

인격(personality)은 단계를 따라 발달합니다. 젊었을 때 심리적 과제를 해결하지 않고 살아오다 고령이 되어 기준을 변경하려고 하면 무리가 따릅니다.

그러므로 청소년기의 심리적 과제를 해결하지 않고 중년기를 넘어가려고 하면 안 됩니다. 마음의 빚이 늘어나는데 갚지 않고 60이 되어 신규사업을 하겠다고 은행에서 대출을 받는 것과 같습니다. 그러니 무엇보다 지금까지 심리적으로 해결하지 못한 과제를 푸는 일이 우선입니다.

운명은 사람마다 각자 다릅니다. 노년이 되어서 '그래, 이게 내 운명이었구나!' 하고 받아들이는 사람도 있고, 자신의 운명을 원망하다 죽는 사람도 있습니다.

모성애가 있는 어머니를 가진 사람도 있고, 대인 공포증이 있는 어머니 밑에서 자라난 사람도 있습니다. 아이의 자립을 격려하는 아버지도 있고, 아이를 철저히 공격해 괴롭히는 아버지도 있습니다. 자식에게 가하는 심리적 학대의 잔혹성, 즉 자식을 경멸하고 상처를 주는 행동은 상상 이상으로 많습니다. 게다가 인간을 혐오하는 사디즘을 아이에게 표현하는 일도 만연해 있습니다.

비유하자면, 천국과 같은 환경에서 태어난 사람도 있고 지옥처럼 견디기 힘든 환경에서 태어난 사람도 있습니다. 그러나 이렇게 우연히 태어난 곳이 천국이든 지옥이든, 이것은 그 사람의 인생입니다. 그 사람의 운명입니다.

50대가 되면 의식적으로 자신의 운명을 받아들이려고 합니다. 만약 이렇게 할 수 있다면, 이미 최고의 인생입니다.

자신의 운명을 받아들이기로 결심할 때, 사람들은 세상이 불공평하다며 신을 원망하고 괴로워하기도 합니다. 그러나 자신의 운명을 받아들이면 인생의 고통을 직시하고 의미를 부여할 수 있습니다.

따라서 '자신의 인생을 책임지는 결단'을 할 수 있는 사람이 인생의 승자입니다. 거기에서 '나라는 존재가 이 세상에 태어난 의미'가 생깁니다.

지옥 같은 환경에서 태어나 50까지 살아온 사람도 있고, 잇따른 학대를 견디며 지금까지 살아남은 사람도 있을 것입니다. 그런 사람의 마음에 여러 가지 심리적 문제가 있다는 것은 전혀 이상하지 않습니다. 만약 당신이 그렇다면, 우선 이렇게 생각하면 어떨까요.

'그런데도 이렇게 오늘까지 살아온 나는 정말 대단해!'

무엇보다 자신을 긍정적으로 인정하는 것이 중요합니다. 마음속에 여러 가지 심리적 과제가 있음을 인정하고 지금까지 그 운명을 견디며 살아온 자신을 격려해야 합니다. 그렇지 않고서는 그다음 인생으로 나아갈 수 없습니다.

삶의 끄트머리에서 보면, 심리적으로 행복한 환경에서 성장한 사람은 인생에서 파란만장한 일이 있었을지라도 상상한 만큼 괴로운 일생은 아니었을 것입니다. 그러나 불행히도 모성애보다는 노이로제가 있는 어머니 밑에서 자란 사람은 겉으로는 행복해 보여도 평생 괴로웠을 것입니다. 속박당하고 모욕당하고 걷어차이며 살아왔음이 틀림없습니다. 게다가 그 모욕은 '언뜻 보기에 해를 가하지 않는 방법으로 위장되어 있었을지도 모릅니다.'[3]

그럼에도 그런 인생을 50까지 살아온 자신의 에너지를 칭찬하고 믿어 보는 겁니다. 계속 싸우며 살아온 삶의 자세를 믿고, 그 싸움에서 나온 자기만의 인생 색깔을 믿는 것입니다.

당신은 지금껏 계속 싸우면서 50대가 되었지만, 어쩌면 심리적으로는 아직 여섯 살에 머물러 있을지도 모릅니다. 그래도 이렇게 계속 싸우며 살아가는 당신의 인생에는 향기가 납니다.

또한 자신의 모습을 외부로 확장하려는 발상에서 여전히 헤어나오지 못한다면 노년기를 충실하게 살 수 없습니다.

'이렇게 빨리 달릴 수 있다', '이렇게 큰 사업을 완수했

---

3) 에리히 프롬,《The Anatomy of Human Destructiveness(인간 파괴의 해부학)》

다', '이렇게 많은 외국어를 말할 수 있다', '이렇게 많은 사람을 알고 있다', '이렇게 돈을 벌었다' 등이 외부로 확장하려는 발상입니다. 요컨대 '형식'을 중요시하는 것입니다.

젊을 때는 '이걸 할 수 있다, 저걸 할 수 있다'와 같은 발상이 좋을지 모릅니다. 하지만 나이가 들면서부터는 외부가 아닌, 내면의 충실함을 쌓고자 방향을 전환하지 않으면 불만만 커집니다. 계속 젊은 시절의 발상으로 사는 모습은 그 시절의 심리적 과제를 해결하지 않은 채 살아가는 것과 같습니다.

그런 발상에 사로잡혀 노년기를 맞으면 고민은 더 줄줄이 생깁니다. 정년퇴직 후 침울해지고, 그러다 우울증에 걸려도 전혀 이상하지 않습니다.

인생의 과제들은 나이가 들수록 해결하기 힘든 일이 많아집니다. 신경증이 심각해지기도 합니다. 직업을 바꾸거나 이혼을 하는 경우, 20대와 50대가 받아들이는 의미가 다르듯이 정년퇴직자가 겪는 우울증은 젊은 시절의 우울증과는 다릅니다. 이처럼 인생이 막막해지는 절망감은 나이가 들수록 해결하기 어려워집니다.

그럼에도 "It's Never Too Late To Be Happy!"
행복해지는 데 너무 늦은 때란 없습니다.

어릴 때부터 그때그때 인생의 과제를 해결하지 않고
살아오다 마지막에 사디즘으로 도망치는 사람도 많습니
다. 확실히 '사디즘은 인간 실존 문제에 대해 더 나은 해
답을 얻지 못할 때의 대답'입니다.[4]

지금 우리는 아동 학대가 멈추지 않는 세상에 살고 있
습니다. 이는 아이를 학대함으로써 부모 자신이 살아가
는 이유를 찾는 것입니다. 이런 부모들은 자신이 '어른
아이'라는 걸 인정하지 않고 아이를 치유의 도구로 삼아
살아갑니다.

심리적으로 건강한 사람의 노년기는 성숙한 태도로

---

4) 3)과 같은 책

죽음에 대한 마음의 준비를 합니다. 그것이 '아름다운 노년'입니다.

독일의 정신과 의사인 텔렌바흐(Hubert Tellenbach)는 100세 연구를 통해 나이 듦은 쇠락보다 성숙에 있다고 말했습니다.[5] 이 말은 '활력 저하를 초월해 놀라운 방식으로 정신적 성숙을 향해 전진한다'[6]는 의미입니다.

정년퇴직 후에 40대 정규직 때와 같은 가치 기준으로 자신을 보는 사람도 있습니다. 사회적인 활약에 대한 타인의 평가를 매우 중요하게 생각하는 것입니다. 그래서 퇴직 후에 자기 내면에 충실하지 못하고 이웃의 분란에 깊이 관여하여 지역사회에서 문제를 일으키기도 합니다. 거기서 자신의 역할을 갖고 싶기 때문입니다. 심리적으로 해결하지 못한 과제를 안은 채 노년기가 되면 이렇게 될 수밖에 없습니다.

이런 어려움을 겪는 50대를 위해 이 책에서는 '심리적으로 50'이 되려면 어떻게 해야 할지를 다룹니다. 50이

---

5) H. 텔렌바흐, 《Melancholie(우울)》
6) 5)와 같은 책

되어 어떻게 하면 좋을지, 50이 되기까지 어떻게 살아야 할지를 생각해 보려 합니다.

인간은 과거에 얽매여 있습니다. '50이 되면 이렇게 해야지!' 이런 생각을 하지만, 막상 그렇게 되지는 않습니다. 내면의 심리적 과제를 해결하지 않으면 사회적·육체적으로 50이 되어도 50이 아닙니다.

《나는 내 삶의 방식이 있다》를 쓴 이후 저는 반세기 넘게 심리적인 문제로 고민하는 사람들의 이야기를 듣고 곰곰이 생각해 보았습니다. 법적으로 50이 되면 '나는 50이다'라고 착각하는 사람이 많습니다. 하지만 법과 마음은 완전히 다릅니다. 그것을 알고 이해하면 새로운 인생이 시작되는데 이를 받아들이지 못해 어떻게 살아야 할지 막막해집니다.

또 과거에 얽매이듯이 우리는 상상하는 일조차 제한을 두기도 합니다.

"당신은 오토바이를 타나요?"

"타지 않을 거예요."

이렇게 대답한다면, 오토바이를 타지 않겠다고 이미 정하고 있어서입니다. 스스로 그렇게 제한을 두는 것입니다. 이제 그 제한을 없애는 연습이 필요합니다. 아무튼, 무엇이든 실행해 봅시다.

사람들은 흔히 이렇게 말합니다. 이제부터는 무리겠다, 이제 나이가 들었으니까, 이제 9회 말이니까.

그 '이제'를 없앨 시간입니다.

차례

Part 1
길 잃은 남자들

Chapter 1
복수심 왜 하고 싶은 일을 찾지 못할까

Chapter 2

열등감 왜 하고 싶은 일을 하지 못했을까

Chapter 3

시기심 왜 언제나 고독을 느낄까

Part 2

나만의 인생을 살게 하는 힘

Chapter 4

당연성 인생의 첫 번째 과제를 만나다

Chapter 5

정체성 마음속 버팀목을 세우다

Chapter 6

자기 인식 자기 집착에서 해방되다

길 잃은 남자들

심리적 문제는 돈으로 해결할 수 없다
자신의 무의식에 직면하는 용기로만 해결할 수 있다

복수심

왜 하고 싶은 일을 찾지 못할까

무의식의 영역에 증오가 가득하면, 현실에서 할 일을 찾을 수 없습니다.
진정으로 하고 싶은 일은 남보다 우월해져서 주변 사람들에게 앙갚음하는 것입니다.
지금은 그 복수심을 무의식에 가두고 있어서 하고 싶은 일을 인식하지 못합니다.

살기에 급급해
억눌린 감정들

———

"자, 하자!"

정년을 맞이한 어떤 사람의 수기에 이런 말이 적혀 있었습니다. 이렇게 썼지만 그는 현실에서 무엇을 해야 좋을지 찾을 수 없었습니다. 고령이 되어 심리적 위기가 닥치자 자신을 위해 좋아하는 일을 찾으려 했을 때는 이미 무엇을 좋아하는지도, 싫어하는지도 모르는 사람이 되어 있었습니다.

좋아하는 일을 찾을 수 없는 이유는 과거의 심리적 과

제가 아무것도 해결되지 않아서입니다. 시야가 넓지 못하고 가치관이 왜곡되어 있어서입니다. 어릴 때부터 그러한 삶을 살아왔기 때문입니다.

이렇게 의지는 보이지만 구체적으로 무엇을 해야 할지 모르는 사람은 어떤 일을 할 때 순서를 밟지 못합니다. 컨트롤 능력이 부족하기도 합니다. 일을 시작할 때도 어린아이 같은 발상에 머무르기 쉽고 마땅히 해야 하는 노력도 부족합니다.

어쨌든 열심히는 살았지만, 이런 사람에게는 자신의 감정을 억압하는 모습이 보입니다. 지금까지 '살기에 급급해서' 감정을 표현하지 않은 것입니다.

이런 사람은 의식과 무의식 사이에 괴리가 크고 모순된 성격을 갖게 돼, 자발적인 감정이 생기기 전까지는 심리적으로 성장하기 어렵습니다.

연인이든 부모든 자식이든, 우리에게는 어쨌든 가까운 사람들이 있습니다. 그러나 이렇게 감정을 숨기면 가까운 사람들에게도 애정을 느끼지 못합니다. 관심조차 없습니다.

인생은 작은 일들이 하나둘 쌓여 이루어집니다. 이런 일들에 전혀 관심을 두지 않고 살아오다 '이제 50이 되었으니 어떻게 할까?'라고 생각한다면, 먼저 자신의 심리적 문제를 돌아볼 필요가 있습니다.

인생에서 풀어야 할 과제들을 외면한 채, "자, 하자!"라고 말하면서 '나는 어제도 오늘도 살아있다', '살아있기에 매일 무언가를 하고 있다'는 자기만의 생각에 빠져 있지는 않은가요?

무의식에 잠들어 있는
마음속 문제들

———

오스트리아의 정신과 의사 베란 울프
(W. Beran Wolfe)는 지금의 고민은 어제 생긴 일이 아니라
고 말했습니다.

정년을 앞두고 고민하는 사람과 이야기를 나눈 적이
있습니다. 가만히 들어 보니 그에게 정년 그 자체는 그다
지 문제가 아니었습니다. 고민하는 이유는 그때까지 자신
이 살아온 결과를 맞닥뜨려야 한다는 데 있었습니다.

무언가를 하고 싶은 의욕이 있어도 주변의 현실 세계

에 별 흥미나 관심이 없는 사람은 대개 자기 집착이 강합니다. 그래서 오랫동안 현실 세계에서 발을 떼고 살아왔습니다. 이런 사람은 청년기에 자신의 흥미와 관심사를 깨닫지 못하고 나이가 든 경우가 많습니다.

그렇게 되면 아무리 유명한 회사의 임원이 되더라도 심리적으로는 다섯 살에 머물러 있을지 모릅니다. 게다가 본인은 그걸 알지도 못합니다. 평생 일만 하면서 자신이 뭘 좋아하는지 한 번도 제대로 생각해 보지 않다가, 정년퇴직을 하고 갑자기 취미를 중시하며 살자고 말한들 그렇게 될 수 없습니다.

"지금이라도 늦지 않았어. 무엇이 가장 재미있을지 진심으로 생각하자"라고 말하지만, '무엇이 가장 재미있을지' 알지 못합니다. 사회적으로 60이 되었으니 예순이라고 생각해 버리기 때문입니다.

만약 자신이 심리적으로는 아직 다섯 살이라는 것을 알고 있다면 어떨까요? 가장 재미있는 게 뭔지를 자연스럽게 알 수 있을 것입니다.

무엇이 재미있는지 모르는 이유는 마음에 품고 있는

문제를 외면하고 있어서입니다. 무의식의 영역에 증오가 가득하면, 아무리 "자, 하자!"라고 외치고 노력해도 현실에서 할 일을 찾을 수 없습니다. 정말 하고 싶은 일을 인식할 수 없기 때문입니다. 그것은 아마도 자신과 관계가 있는 사람들에게 복수하는 일일 것입니다.

청년기에 자신의 흥미와 관심사가 무엇인지를 알아야야, 정년 후의 취미를 준비할 수 있습니다. 50도 마찬가지입니다. 청년기의 과제를 해결하지 않고 살아오다 50이 되어 이제부터 어떻게 살지를 논하는 것은 의미가 없습니다. 후지산에도 오르지 않은 사람이 히말라야에 어떻게 오를지를 생각하는 것과 마찬가지입니다.

어릴 때부터 부모에게 순종적으로 따르도록 강요받으며 성장한 사람에게 '결혼하고 아이가 생겼으니 책임감 있는 부모가 되라'고 한들 그 말이 와 닿지 않는 것과 같습니다.

마음속에 있는
두 종류의 증오

———

　"자, 하자!"라고 말은 하지만 실제로
는 '내가 할 수 있는 일을 한다'고 생각하지 않는 사람은
자신의 일에 만족하거나 보람을 느끼지 못합니다.

　그 이유는 마음속에 있는 문제를 바라보지 않아서입
니다. 무의식에 잠들어 있는, 심리적으로 해결하지 못한
문제를 의식화하려 하지 않기 때문입니다.

　무의식의 영역에 증오가 가득한 사람은 현실에서 할
일을 찾을 수 없습니다. 이루고 싶은 꿈은 단지 욕구불만

에서 오는 증상일 뿐, 진정으로 하고 싶은 일은 그때까지 자신과 관계했던 사람들에게 '복수'하는 것입니다.

증오에는 두 종류가 있습니다.

하나는 의존심에서 비롯된 증오와 적개심입니다. 흔히 말하는 '의존과 적개심'의 관계로 볼 수 있습니다. 어떤 사람에게 의존하고 있지만, 그 사람은 내가 바라는 대로 움직이지 않고, 칭찬받고 싶을 때 칭찬해 주지 않습니다. 그래서 불만이 생기고 이것이 공격성으로 발전합니다.

물론 그런 사람도 심리적으로 자립하게 되면 분노나 증오, 적개심이 해소됩니다. 가까운 사람과의 의존적 적대관계가 사라지기 때문입니다.

다른 하나는 굴욕감에서 비롯된 증오입니다. 이것은 의존심에서 생기는 증오나 적개심과는 다릅니다. 사랑하는 마음이나 커뮤니케이션 능력을 파괴하는 것이 바로 이 증오입니다.

심리적으로 자립할 수 없는 사람에게는 이 두 종류의 증오가 있습니다. 이유도 없이 몸이 안 좋아 병원에 가도 원인을 모르고 정확한 진단이 나오지 않는다면, 원인이 몸에 있는 게 아닐 수 있습니다.

청년기에는 자신의 흥미와 관심사를 아는 것이 중요합니다. 그런데 이런 '흥미에 대한 각성'을 방해하는 것이 있습니다. 바로 자신의 무의식에 축적된 증오입니다. 무의식에 숨겨진 분노가 있는 사람은 자신의 감정을 스스로 억압하고 있음을 인정하지 못합니다.

누군가를 이해하려면 그 사람의 과거 기억 속에 어떤 감정이 저장되어 있는지를 알아야 합니다. 마찬가지로 자기 자신을 이해하려면 자신의 기억 속에 저장되어 있는 감정을 들여다봐야 합니다.

어릴 때부터 의존심을 극복할 수 있는 사람은 없습니다. 누구나 심리적 자립은 두렵습니다. 자립이란 용기 있게 마음속 공포의 시스템을 부수고 자신의 기억 저장고를 열어보는 일입니다. 그것을 알아차리면 세상은 아주 다르게 보일 것입니다.

앙갚음하고 싶은 마음이
하고 싶은 일을 가리다

———

그러면 자신의 심리적 성장 과정이나 능력을 생각하지 않고 "자, 하자!"라고 말하는 것은 왜일까요?

어릴 때부터 현실에서 자신이 할 수 있는 일을 꾸준히 해오지 않았기 때문입니다. 현실 속에서 살지 않았습니다. 그러니 어떤 일을 하겠다는 의욕이 현실에서는 겉돌기만 합니다. 지금까지 현실이 아닌 상상과 환상의 세계에서 살아온 것입니다.

이런 사람은 무의식에 있는 절망감을 외면하고 있습니다. 즉 스스로 절망하고 있는 '진정한 자기 모습'을 보지 못하면서 무언가를 하려는 의욕만 앞섭니다.

그러나 할 일을 찾을 수는 없습니다. 아무리 "자, 하자!"라고 말해도 이런 의욕은 무의식에서 필요하다고 느끼는 것보다 강할 순 없습니다. 무엇보다 하고 싶은 일은 '무의식적인 필요성'에서 나오기 때문입니다.

이것은 바로 '숨겨진 분노'를 푸는 것입니다. 하지만 정작 자기 마음속에 엄청난 분노가 자리 잡고 있음을 알아차리지 못합니다.

"지금부터라도 늦지는 않았어. 무엇이 가장 재미있을지 진심으로 생각하자"라고 말은 하지만, 이 사람의 진정한 소망은 남보다 우월해져서 주변 사람들에게 앙갚음하는 것입니다. 지금은 그 복수심을 무의식에 몰아넣어 가두고 있어서 하고 싶은 일을 인식하지 못합니다.

정말로 하고 싶은 일은 무의식에 있습니다. 그래서 의식의 세계에서 아무리 '무엇이 가장 재미있을지'를 찾아도 찾을 수 없습니다.

안타까운 점은 이 사람의 심리적 성장이 이 단계에서 정지하고 있다는 것입니다. 또 사회적으로도 육체적으로도 점점 나이가 들면 현실 세계에서 주변 사람들에게 앙 갚음할 만한 힘이 없습니다.

자신의 본모습을 알아차리고 받아들이면, 할 일을 찾게 됩니다. 과거에 심리적으로 해결하지 못한 과제들을 하나하나 해결해 갈 때 진정으로 하고 싶은 일을 찾을 수 있습니다.

자신이 없다는
내면의 외침

———

'하고 싶은 일이 무엇인지 구체적으로 모르겠다'는 것은 사회 속에서 내가 어디에 있는지를 모른다는 말입니다. 보통 자기 위치는 함께 어울려 살아가는 주위 사람들과의 관계 속에서 드러납니다.

아버지가 부모로서 역할을 잊은 채 자식에게 어리광을 부리거나, 반대로 부모를 부양해야 하는 자식이 히키코모리(집안에만 틀어박혀 사는 은둔형 외톨이)처럼 50이 되어서도 부모에게 어리광을 부리는 경우를 종종 봅니다.

이들은 '진정한 자기 모습'을 알지 못하고 있습니다. 아니, 알려고 하지 않습니다. 그러다 보니 자신의 문제가 무엇인지 알지 못합니다. 다시 말해, 심리적으로 해결하지 못한 과제가 있다는 것조차 알지 못해서, 불행하게도 '무엇이 가장 재미있는지'를 모릅니다.

마음속으로는 "나는 자신이 없어!"라고 비통하게 외치고 있을지 모릅니다. 무의식의 비통한 외침을 스스로 알아차리게 되면, 잘난 척하거나 남에게 보여주고 싶은 마음이 진실되게 바뀔 수 있습니다. 풍요로운 인생을 열 수 있는 길이 보일 것입니다.

혹은 "나는 모두를 지배하고 싶어!"라고 비통하게 외치고 있을지도 모릅니다. 이는 자신의 무력감을 치유하고 싶어서입니다. 하지만 스스로는 이러한 무력감을 알아차리지 못하고 있습니다.

만약 어릴 때부터 그때그때 맞닥뜨린 심리적 과제를 해결하고 살았다면 이런 비통한 외침은 없었을 것입니다.

의식적으로는 "나는 정말 자신이 있어!"라고 말하지만 무의식에서는 자신에게 절망하고, 더욱이 절망하고 있는 자기 모습을 절대 인정하지 않는 사람.

그가 진정 외치고 싶은 말은 "나는 자신이 없어! 그래서 힘을 갖고 싶어! 사람들을 지배하고 싶어!"일 것입니다.

하지만 스스로 알아차리고 받아들이지 않는 한, 무엇을 말한다 해도 무대 위에서 연기하는 인형에 불과합니다.

심리적인 과제는 돈으로 해결할 수 없습니다. 자신의 '무의식에 직면하는 용기'로만 해결할 수 있습니다.

세상의 가치 기준으로
사는 사람

————

　"자, 하자!"라고 말하면서 구체적으로
무엇을 해야 할지 모르는 사람은 어른이 되어서도 구멍
을 파고 살아갑니다. 구멍에 들어가 세상의 가치를 부정
하고, 세상의 가치 기준으로 평가받기를 거부합니다.

　인간은 '자아 가치 붕괴에 대한 방어 수단'으로 인생의
길을 잘못 들어가는 경우가 종종 있습니다. 이는 미국의
저명한 실존주의 상담사인 롤로 메이(Rollo May)가 말한
'불안의 소극적 회피'입니다.

반면에 세상의 가치 기준으로 어떻게 평가받아도 나는 살아갈 가치가 있다는 확고한 자기 이미지를 가지고 있으면 인생의 길을 잘못 들어가는 경우가 적습니다.

나 자신으로 살지 않고 세상의 가치 기준으로 사는 사람, 게다가 무의식적으로 자신이 원하는 평가를 받지 못한다고 느끼는 사람은 제대로 '평가받는 존재'가 되길 원합니다. 그래서 세상의 가치 기준을 부정하기 십상입니다.

원하는 평가를 받지 못해 실망하면서도, 그 실망을 극복할 때 우리는 인간으로서 진정한 자기 가치를 깨닫게 됩니다. 세상의 가치 기준으로 끝까지 원하는 평가를 바란다면 청년기에 자립에 실패한 것입니다.

어른이 되어 좌절하는 이른바 '착한 아이'는 어릴 때 무의식적으로는 부모에게 불만을 품었지만 의식적으로 감사하다고 우기는 아이였을 겁니다. 착한 아이가 되어야 부모를 기쁘게 할 수 있다는 생각에서입니다.

하지만 아이가 이런 행동을 함으로써 부모는 점점 타인이 되어 갑니다. 표면적으로는 부모 자식 관계가 좋아

보이지만, 아이는 증오를 키워 갑니다. 심리적인 문제를 안고 살아갑니다.

이 아이가 성장해 나이가 들고 마음이 힘들어져 그제 야 자신을 위해 좋아하는 일을 찾으려고 했을 때는 이미 자신이 좋아하는 게 무엇인지, 싫어하는 게 무엇인지 알 수 없는 사람이 되어 있을 겁니다.

좋아하는 것을 찾을 수 없는 이유는 관점이 적고 가치 관이 왜곡되어 있어서입니다. 자신의 체험이 없기 때문 입니다.

행복해질 수 없는
로맨티시스트

———

　　　　　　　하고 싶은 일을 찾지 못하는 사람은
무의식의 절망감을 외면한 채로 "자, 하자!"라고 말합니
다. 자신의 본모습을 보지 않고 인정하지 않으면서 무언
가를 하려고만 합니다. 그러나 할 일을 찾을 수 없습니
다. 이런 사람은 자기 집착이 강해서 주변 세계에 흥미도
관심도 없습니다.

　단지 '행복해지고 싶다!', '행복해지자!' 같은 추상적인
소망이나 의지만 있어서는 행복은 손에 들어오지 않습

니다. 그렇게 보면 고민도, '자, 하자!'라는 의욕도 모두 추상적입니다. '이런 장사를 하고 싶다' 같은 구체적인 소망이 없기 때문입니다.

베란 울프는 이런 사람을 가리켜 '행복해질 수 없는 로맨티시스트'라고 말했습니다. 하고 싶은 일은 항상 비현실적일 정도로 높은 곳에 있으니 '자, 하자!'라는 의욕이 현실에서는 겉돌기만 합니다.

진정으로 의욕을 보이는 것도 아닙니다. 이 사람은 한마디로 자기소외를 하고 있어 이런 의욕은 말뿐입니다. 그러니 "자, 하자!"라는 말도, "나는 절대로 하지 않는다"라는 말도, 모두 인형이 하는 말과 같습니다. 메시아 콤플렉스[7]가 있는 고등학생이 "나는 세계를 정복한다"라고 말하는 것과 같습니다. 어릴 때부터 망상의 세계에서 살아서 현실이 없기 때문입니다.

또 자기를 소외하는 사람이 말하는 '사랑한다'는 자기실현을 하며 인생을 펼치는 사람이 말하는 '사랑한다'와

---

7) 자신이 구세주가 될 운명이라는 신념을 가진 상태를 의미하는 것으로 과대망상 장애와 유사하다.

다릅니다. 스스로는 진심이라고 생각할지 몰라도, 자기 소외를 하면 사는 것 그 자체가 '허무'이기 때문입니다.

이런 사람은 망상 속에서 삽니다. 자기 자신으로 살지 못해 현실이 없습니다. 실제 나이가 50이어도 심리적으로는 다섯 살이기에 현실이 없는 것입니다.

예를 들면, "아내는 좋은 사람이다", "남편은 좋은 사람이다"라고 말하지만, 구체적인 추억담을 말할 수 없습니다.

"그 친구 꽤 괜찮은 사람이야", "저 사람 생각보다 가볍네, 아직은 거리감이 느껴져" 배우자뿐 아니라 남을 평가할 때도 이렇게 추상적인 표현을 많이 씁니다.

자기소외 상태에서는 약속을 지키지 않을 때가 많습니다. 물론 거짓말을 하는 것은 아니지만 지키지 않습니다. 현실 세계에서 한 약속이 아니기 때문입니다.

하지만 이 사람과 약속한 상대방은 나이를 먹을 만큼 먹은 사람이 한 약속이니 당연히 지키리라 믿습니다. 그러나 나중에 약속을 지키지 않는 모습을 보고는 '어?' 하고 의아해합니다.

자기소외를 하는 사람은 현실이 아닌 환상 속에 산다는 것을 정확하게 이해하지 못했기 때문입니다.

Part 1

길 잃은 사람들

왜
좋아하는 것이 없을까

———

　"지금부터라도 늦지는 않았어. 무엇이 가장 재미있을지 진심으로 생각하자."

　이 사람은 모처럼 자신의 의식 영역을 확대해 정말로 현실 세계에서 살고자 길을 찾고 있습니다. 하지만 여전히 막막한 채로 서 있습니다. 한 걸음 더, 현실 세계로 발을 내디딜 수 없어 무엇이 가장 재미있을지 모릅니다.

　왜 그럴까요? 심리적으로 해결하지 못한 과제를 떠올리는 것이 두려워서입니다. 자신의 무의식에 잠겨있는 문제를 의식하고 싶지 않아서입니다.

"진심으로 생각하자"라고 말해도 그 진심이 무엇인지 모르기 때문에, 진심으로 생각하는 '척'을 하고 있을 뿐입니다. 자신의 무의식에 있는 절망감이나 허무감을 알아차리는 것이 두렵기 때문입니다.

'나는 왜 좋아하는 것을 찾을 수 없는가?'

이것을 진심으로 알아차리면 해결의 실마리를 찾을 수 있습니다. 그러면, 자신이 '좋아하는 것을 찾지 못한다'가 아니라, '좋아하는 것이 없다'는 걸 깨닫게 됩니다. 거기에 더해 '왜 좋아하는 것이 없을까?'라는 의문이 생길 것입니다.

그렇게 되면 처음으로, 자기소외의 인생을 살았다는 걸 알아차릴 수 있습니다. 지금까지 현실을 부인하고 자기 가치를 방어하는 데만 에너지를 쓰며 살아온 것입니다.

이렇게 어릴 때부터 인생의 과제들을 아무것도 근본적으로 해결하지 않고 살았다는 것을 깨달으면 길은 넓어집니다. 무엇이 가장 재미있을지 생각해도 찾을 수 없었던 까닭이 자신의 심리적 과제들을 해결하지 않고 살아와서라는 것을 알게 됩니다.

오랫동안 자기 가치를 방어하기에 급급했던 모습, 남에게 보여주려고만 살았던 모습. 그 결과 자신은 '좋아하는 것이 없는 사람'이 되었다는 것을 알게 됩니다. 그리고 이런 자신을 받아들이게 되면, 거기서 새로운 인생을 여는 가능성을 발견할 수 있습니다.

'나는 하고 있는 일에 흥미가 있는 걸까?'

자신에게 질문하는 시간이 필요합니다. 이 점을 깊게 생각하면, 할 일을 찾을 수 있습니다. 지금까지 흥미 있는 일을 하지 않았다는 것을 깨닫기 때문입니다.

마음챙김으로
나를 돌아보다

———

'마음챙김(마인드풀니스)'이란 작은 것을 깨닫는 태도입니다. 애정이 마음챙김(mindfulness)이라면, 자기 집착은 마음놓침(mindlessness)이라고 할 수 있습니다.

마음챙김을 하지 않는 나르시시스트는 다면적 관점에서 사물을 인식할 수 없습니다. 이러한 마음놓침 상태에서는 '나는 이 점에서 우수하다, 이 점에서 우수하지 않다'와 같은 인식을 할 수 없습니다. 비판받으면 격노하고, 그렇지 않으면 침울해합니다. 나르시시스트는 득의 양양하거나 침울해하는 마음의 흔들림이 격렬합니다.

이와는 달리 마음챙김으로 다면적 관점에서 사물을 인식할 수 있다면, 무엇인가 비판을 받았을 때도 분노가 치밀어 오르지 않습니다. 또 극단적으로 침울해하지도 않습니다. 사람을 볼 때도 상대의 약점과 장점을 이해하게 됩니다. 모든 면에서 자신이 우수하다고 생각하지 않기에 득의양양하거나 침울해하는 마음의 흔들림이 적습니다.

하버드대에 입학한 한 학생이 "나는 성적이 좋아서 이 학교에 입학하는 것은 아니다"라고 말했습니다. 성적은 하나의 판단 재료일 뿐, 오로지 성적이라는 관점으로만 판단하지 않기를 바라서였습니다. 이 학생은 '나는 이런 일도 할 수 있다'는 것을 보여주며 자신이 어떤 사람인지 이해하도록 만들었습니다. 이것이 자기주장입니다. 대학도 그런 학생을 환영합니다.

엘렌 랭어(Ellen Langer) 하버드대 교수는 마음챙김의 삶을 살면 인생에서 갈등이 확연히 줄어든다고 말했습니다. 가정이나 직장에서 선입견에 휩쓸리지 않고 유연하게, 더 모나지 않게 살아갈 수 있습니다.

반면 마음놓침의 상태에서는 고정관념에 사로잡히게 됩니다. '아내는 이렇게 하지 않으면 안 된다', '남자는 이렇게 해야만 한다'와 같은 생각들을 하게 됩니다.

관점을 늘린다는 것은 의식 영역을 확대하는 일이기도 합니다. 그러나 거기에는 '용기'가 필요합니다. 나이가 들었더라도, 솔직해지고 관점을 늘려 마음챙김을 하면 지금부터라도 좋아하는 일을 찾게 될 것입니다.

'솔직한 마음챙김'이란 현재의 자신을 정직하게 보는 것입니다.

기존의 개념을 고집하지 않는 것입니다.

그리고 '그 자신'을 받아들이는 것입니다.

학창 시절에는 성적이 좋은 사람이, 직장인이 되면서부터는 엘리트 코스를 밟는 사람이 우수하고, 그 이외는 형편없는 인간이라고 믿고 살아온 사람이 있습니다. 이 사람은 비즈니스에서는 성공할지라도 인간관계에서는 실패하게 됩니다. 인생의 토대가 제대로 갖춰져 있지 않아서 사회적으로 성공할지라도 마지막에는 인생이 막막해집니다.

그의 상냥한 미소 뒤에는 숨겨진 분노가 있지만, 자신의 무의식을 알아차리지 못합니다. 관점이 한정되어 있어 '진정한 나'를 보지 못합니다. 아무리 관점을 늘리려고 생각해도, 심리적으로 해결하지 못한 과제에 얽매여 있으면 진심으로 하고 싶은 것을 찾을 수 없습니다.

노년기가 되어 육체적으로는 시야가 좁아져도 심리적인 문제가 없다면 마음의 시야는 오히려 넓어져 갑니다. 나이가 들어도 넓은 시야로 세상을 바라보는 것입니다.

마음의 고통에서 벗어나는 한 가지 방법은 마음의 시야를 넓히는 것이지만, 자신의 무의식에 얽매여 있는 한 불가능합니다. 이런 사람은 인생에서 '적절한 목적'을 가질 수 없습니다. 반대로 말하면, 불행을 받아들일 수 없는 사람입니다. 심리적인 문제는 나이가 들수록 점점 깊어집니다.

유연한 마음을 가진 사람은 증오를 억압하지 않습니다. 상냥한 미소 뒤에 숨겨진 분노가 없습니다. 불쾌한 감정을 조절하는 능력, 바로 그것이 '마음챙김'입니다. 다양한 관점으로 바라보는 것, 즉 지금의 불쾌한 감정을 '다른 관점'에서 보는 것입니다.

대니얼 골먼(Daniel Goleman)은 마음챙김은 감정 관리를 돕는다고 말했습니다.[8]

---

8) 대니얼 골먼, 《Emotional Intelligence(감성지능)》

열등감

왜 하고 싶은 일을 하지 못했을까

하고 싶은 일이 없다는 것은 자신의 능력에 어울리는 '적절한 목적이 없다'는 의미입니다.
그 까닭은 '자신을 알지 못해서'입니다.
다르게 보면, 무의식에 심각한 열등감이 있고
의식의 영역에는 '웅장한 자기 이미지'가 있다는 말입니다.

체면치레로만
하고 싶은 일을 하며 산 인생

———

"하고 싶은 일을 하나라도 했다면, 내 인생도 달라졌을 것이다."

어떤 사람이 죽음을 앞두고 이런 글을 남겼습니다. 이렇게 비통하게 인생을 후회할 수 있을까요? 왜 이 사람은 하고 싶은 일을 하나도 할 수 없었을까요? 진심으로 '하고 싶은 일'이 없어서였을 겁니다.

그가 평생 하고 싶은 일이라고 생각한 것은 모두 남에게 보여주기 위해서였습니다. 잘난 체하거나 우쭈쭈 자신을 치켜세우려고 한 것뿐이었습니다. 모든 사람들로부터 "와, 대단해!"라는 말을 듣고 인정받으려고 한 것이었지 마음속에서 우러나오는 행동은 아니었습니다. 진심으로 하고 싶은 일이 있었다면 한 가지 정도는 했을 것입니다. 그러다 보니 '하고 싶은 일'이라고 말할 때도 자신이 진짜 하고 싶은 일을 하는 게 아니어서 그의 소망에는 의식과 무의식 사이의 괴리가 있었습니다.

자신의 잠재적 능력을 꽃피우는 데까지 심리적으로 성장하지 못한 이 사람은 한 번도 자신의 사회적 나이에 맞는 심리적 나이를 가진 적이 없었을 것입니다.

어릴 적부터 고령이 될 때까지 자기소외를 하다 갑자기 '하고 싶은 일'을 이야기한다 해도 그것을 찾기란 어렵습니다. 그때는 이미 하고 싶은 일이 무엇인지를 모르기 때문입니다.

이렇듯 사회적 나이와 심리적 나이가 괴리되어 있는 사람에게 '50부터 어떻게 살아갈지'를 묻는 것은 애초에 잘못된 질문입니다. 오히려 '사회적 나이인 50까지 어떻게 살아왔는가?'를 물어야 할 것입니다.

업적에 집착하게 하는
미성숙한 심리

———

　　자신이 학문의 세계에서 실패했다고 느끼는 한 대학교수가 있었습니다. 그래서 오히려 그는 '학문의 세계란 뭔가 시시하다'는 방어적 가치관에 매달렸습니다.

　자신에게는 학문적인 업적이 없다는 생각을 떨쳐버리려고 애썼습니다. 그리고는 부모의 유산으로 다른 사업을 했습니다. 하지만 고민은 심각해지기만 할 뿐 점점 더 애매한 인생이 되어 버렸습니다.

저명한 심리학자인 조지 와인버그(George Weinberg)는 "행동은 그 사고에 수반되는 모든 인상을 존속시킨다"라고 말했습니다. 맞는 말입니다.

이 사람은 다른 사업을 하면서도 오히려 학문적 업적을 중요시함으로써, 업적이 없는 자신에 대한 실망감만 더 커졌습니다. 그의 마음속에는 인생의 실패자라는 절망감만 더 강하게 남았습니다.

이렇게 심리적으로 성숙하지 못하고 언제까지나 업적에 집착하면, 자신은 물론 타인조차 업적으로 평가하게 됩니다. 다시 말해 정서적으로, 심리적으로 성장에 실패한 사람은 만나는 사람을 고를 때조차 상대가 업적이 있는지를 봅니다. 항상 업적 위주로 타인을 평가하기에, 인간으로서의 예의 바름 같은 가치는 중요하지 않습니다.

80이 넘어서도 '저 사람은 머리가 좋은 걸까, 나쁜 걸까'와 같은 기준으로 남을 평가하는 사람을 종종 봅니다. 그런 태도는 인생에 대한 실망, 자기 자신에 대한 실망을 자각하는 것을 방해합니다. 그러나 무의식에서 실망감은 점점 더 깊어집니다.

'내가 무엇을 해야 하는가? 이것만이 나에게 중요합니다.'[9] 이 중요한 일을 하지 않아 점점 길을 잃게 됩니다.

9) 데이비드 시버리,《心の悩みがとれる(마음의 고민이 사라지다)》

열등감에서 나오는
강박적인 행동들

———

강박적으로 명성을 추구하는 사람은 노력은 합니다. 이른바 출세주의자(status seeker)라고 불리는 이런 사람들은 자신이 유능하지 않다는 감정을 피하려고 합니다. 물론 이러한 느낌은 무의식의 감정입니다.

보고 싶지 않은 진실을 피하려고 하는 일은 어떤 것이라도 강박적인 행동이 됩니다. 자신에 대한 절망감을 피하려고 워커홀릭이 되기도 하고, 욕설에 의존하기도 합니다. 욕을 하면 절망감을 차단할 수 있지만, 욕을 할 때

마다 스스로 느끼는 절망감은 커집니다.

혹은 일에서 승부를 피하고 가족에게 매달리기도 합니다. 즉, 가족의 사랑이 최고라는 '방어적 가치관'에 매달립니다. 하지만 매달리면 매달릴수록 일을 잘 못한다는 열등감은 심각해지기만 합니다.

사람들에게 존재감을 드러내려고 가족을 과잉으로 중요시하며 '사랑꾼'의 면모를 보이기도 합니다. 하지만 주위에서 볼 때 그는 이상한 사람일 뿐입니다. 숨 막히는 가족 관계에서 아이는 우울증에 걸릴지도 모릅니다.

이렇게 일도 중요시하고 가족도 중요시하지만, 하는 만큼을 인정받지 못하고 점점 궁지에 몰리게 됩니다. 살면서 다른 사람과 마음을 나눈 경험이 없어서, 인간의 가치를 업적 위주로밖에 판단할 수 없는 사람이 된 것입니다.

나이 듦에 실패하면 "현 존재는 고독과 체념, 불신과 고집, 둔감함 속에 사람이나 소유물 등 온갖 오래된 것에 매달려 떠나지 않으려는 집착과 완고함 속에 머물게 된다"[10] 라고 텔렌바흐는 말했습니다.

고독은 심리적인 것입니다.

자식과 손자에 둘러싸여 있으면서도 고독한 노인은 겉으로는 행복해 보이지만, 불만으로 가득 차 얼굴이 일그러져 있습니다. 반대로 심리적으로 성숙한 사람은 옆에서 보면 그다지 행복해 보이지 않지만, 만족하며 삽니다.

전자와 같은 고령자가 어느 날 갑자기 후자와 같은 사람이 될 수는 없습니다. 그러니 우선 마음속 심리적 문제를 해결하는 것부터 시작하지 않으면 안 됩니다.

---

10) H. 텔렌바흐, 《Melancholie(우울)》

지금과 예전의 간격을
메우려 하다

———

"저렇게 행복한데 뭐가 불만이지?"

사람들은 이런 말을 종종 합니다. 하지만 행복해 보이는 것은 누군가의 시점에서 바라본 '겉모습'일 뿐입니다.

행복해 보이는 그 사람은 어릴 때부터 마음의 세계에 아무것도 채워져 있지 않았습니다. 겉으로 보이는 행복한 환경이 아니라 그가 정말 바랬던 것은 동료들과 좋은 만남을 유지하고 외부 세계에 관심을 두고 사는 것이었습니다. 이렇듯 우리는 누군가의 '마음의 역사'를 읽지 않고 겉모습만 보고 평가하는 때가 많습니다.

심리적으로 병든 사람은 지금의 겉모습과 예전의 마음속 세계의 간격을 메우고자 강박적으로 명성을 추구합니다. 그러나 예전의 마음속 세계에서도, 지금의 현실 세계에서도 좌절합니다. 이와는 달리, 심리적으로 건강한 사람은 인생의 각 단계에서 자신을 변화시키며 새로운 삶의 모습을 갖춥니다.

사춘기는 인격을 다시 정립하는 시기입니다. 이것에 실패하면 주저앉아 버립니다. 청년기가 되었는데도 소년 소녀의 발상으로 살면 제대로 된 청춘을 살 수 없습니다. 그 이후도 마찬가지입니다. 나이가 들어서도 젊을 때의 발상을 고집한다면 노년기는커녕 제대로 된 중년기도 살 수 없을 것입니다.

만약 당신이 사회적·육체적으로 50이라도 심리적으로 다섯 살이라면, 태어나면서부터 지금까지 풀지 못한 인생의 과제를 하나하나 해결하기 전까지 다른 것은 생각할 수 없습니다. 중요한 문제는 '내가 현재 심리적으로 몇 살인가?'를 아는 것입니다.

자기 상실의 시간을
돌아보았는가

———

하고 싶은 일이 없다는 것은 자신의
능력에 어울리는 '적절한 목적이 없다'는 의미입니다. 그
까닭은 '자신을 알지 못해서'입니다.

다르게 보면, 무의식에 심각한 열등감이 있다는 것입
니다. 이 말은 반대로 의식의 영역에는 자신에게 어울리
지 않는 '웅장한 자기 이미지'가 있다는 것입니다.

왜 그런 웅장한 자기 이미지를 가지는 걸까요? 의식의
영역에는 자아 가치의 붕괴에 대한 방어가 강하기 때문

입니다. 그러므로 자신의 방어적 가치관과 무의식을 알아차리는 것이 중요합니다.

자기소외 상태에서는 다른 사람과 한 약속도, 한 일도 잊어버리는 경우가 많습니다. 상대방과 마음을 나누지 않는 경험이 계속되고 있어서 실제로 한 일들을 모두 잊어 버립니다. 그러므로 잊고 있다는 것은 자기소외를 하는 사람과 같다는 의미입니다. 무엇보다 지금까지 자신이 잊고 지낸 시간을 반성해야 합니다.

'50부터 어떻게 살아갈지'를 생각하는 사람은 그때까지 자기 인생을 살아오지 않았다고 볼 수 있습니다. 그러므로 우선 '50까지 자기 상실의 시간'을 반성해야 합니다. 구체적으로 말하면, 자기 무의식의 역사를 배우는 것입니다.

'왜 나는 하고 싶은 일을 하지 않았는가?'

곰곰이 생각하다 보면, 자기 자신을 아는 것으로 이어집니다. 애초에 '나는 어떤 사람인가?'도 제대로 알지 못하면서 인생을 바꾸는 '이것을 하고 싶다!'를 찾아낼 수는 없습니다. 아메리카 대륙을 발견하기도 전에 대륙의 금광을 발견하려고 하는 것과 같습니다. 토끼가 들판이 아닌 바닷가에 있다면 '하고 싶은 것'이 없습니다.

다섯 살인지, 쉰 살인지, 아흔 살인지는 상관없습니다.

'억지로라도 자신의 본모습으로 살아가려고 할 때 기적은 일어납니다.'[11]

---

11) 데이비드 시버리, 《心の悩みがとれる(마음의 고민이 사라지다)》

이것조차도
나의 운명

———

지금 내 앞의 역경은 어제 벌어진 일이 아닙니다. 과거에 상처가 된 일들이 조금씩 쌓여 드러난 것일지 모릅니다.

몸의 병뿐 아니라 마음의 병도 조기 발견, 조기 치료가 원칙입니다. 그러나 50이 되기까지 비생산적인 자세로 살아왔다면, 마음속에는 묵은눈처럼 쌓인 부정적인 감정이 가득할 것입니다.

정년을 앞둔 시기가 되어 "이제 취미의 세계로 나가

자"라고 말해도, 지금까지 그저 간단하게 '지위'로 자신을 지켜오던 마음의 자세를 버릴 수는 없습니다.

지역사회에도 눈을 돌리려 해도, 좋은 인간관계를 만들기 어렵습니다. 사람들은 '지위로 자신을 지키려는' 이런 태도에 반발하고 마음을 주지 않습니다. 무엇보다도 사람들은 상대방의 무의식에 예민하게 반응합니다. 지역사회에 관심을 가지려는 생각은 훌륭하지만, 그전에 '이런 생각을 하는 나'는 어떤 사람인가를 생각해 보아야 합니다.

젊을 때부터 무의식에 열등감이 강했고 그것에 지배되어 비현실적일 정도로 높은 기대 속에서 살았다면, 50이 되어도 사회 속에서 훌륭한 사람으로 인정받고 싶은 마음이 강합니다. 현재의 나로서는 받을 수 없는 훌륭한 대우를 바라기도 합니다.

만약 지금 당신이 50이 되어 '이제부터 어떻게 살까?'를 고민한다면, 가장 먼저 해야 할 일은 50까지 자신의 '무의식에 숨겨진 분노'를 자각하는 것입니다.

무엇보다도 마음속 의식과 무의식 사이에 괴리를 없

애야 합니다. 예를 들면, 스스로에게 실망하고 있는 자신의 모습을 알아차리는 것입니다. 그러기 위해서는 먼저 자기 자신을 선입견 없이 바라보아야 합니다. 수줍음을 잘 탄다면 자신이 수줍음을 잘 타는 사람이라는 것을 인식해야 합니다. 마음속의 숨겨진 적개심을 알아차리는 것부터 시작하는 수밖에 없습니다.

아름다운 노년은 이것도 저것도 포용하고 받아들이기 때문에 정서적으로 성숙하는 시기입니다.

현실에서 도망치지 않는 사람이 아름다운 노년을 보낼 수 있습니다. 그러기 위해서는 어릴 때부터 얼마나 '현실에서 도망쳐 살아왔는가'를 돌아보는 게 중요합니다. 설령 학대받은 경험이 있다고 해도, 이것마저 '나의 인생, 나의 운명'이라고 받아들이려는 노력이 필요합니다. 물론 그렇게 간단하게 받아들일 수 있는 문제는 아닙니다.

Chapter 3

시기심

왜 언제나 고독을 느낄까

어리광 부리는 성격을 가진 사람들은 나이가 들수록 많은 걸 꺼리게 됩니다.
사람들을 사귀어도 형식적으로밖에 만나지 않아 점점 고독해집니다.
하지만 다른 사람의 성공을 기꺼이 기뻐할 수 있다면 행복해질 수 있습니다.
이러한 관계가 살아가는 데 '마음의 버팀목'이 됩니다.

남을 위해 노력하는
유사 성장

———

어릴 때부터 뭐든 열심히 해 왔다고 생각하는 사람이 있습니다. 사실 열심히 살았습니다. 사회적으로도 훌륭한 자리에 오를 수 있었습니다. 하지만 고민은 끝이 없었습니다.

사회적으로 훌륭한 위치에 있더라도 시기심이 많은 사람들을 자주 봅니다. 누군가를 시기하는 사람이나 시기를 받는 사람은 둘 다 불행합니다. 그러면 어떻게 '시기심 많은 성격'이 생길까요?

어리광 욕구가 충족되지 않고 성장했기 때문입니다. 어리광을 부리는 것이 허용되지 않는 환경에서 성장했으나, 사회적으로는 훌륭한 사람을 연기하고 있는 것입니다.

이것은 매슬로(Abraham Harold Maslow)가 말한 '유사 성장'입니다. 유사 성장이란 사회적·표면적으로는 성장한 듯 보이지만, 심리적으로는 성장이 완전히 멈춘 상태를 말합니다.

우울증에 걸리는 이유는 내면의 문제를 해결하지 못해서입니다. 이런 마음의 문제를 사회적인 위치로 해결하려 하지만 결국 해결하지 못해 우울증에 시달립니다.

내면의 고민을 해결할 능력이 없는 사람은 사회적으로 유명해져도 심리적으로 어려움을 겪는 경우가 많습니다.

어느 TV 프로그램의 유명 사회자는 일을 그만두자마자 우울증에 걸렸습니다. 화려한 조명을 받던 시절에는 몸과 마음이 모두 건강해 보였습니다. 그러나 사실 TV는 마약과 같았습니다.

업적이나 명예에 집착하는 비즈니스맨이 모두 화려한 조명을 받는 것은 아니지만, 심리적으로 해결하지 못한 과제를 안은 채 유사 성장한 사람은 어떻게 한들 시기심 많은 성격이 됩니다.

자기 세계가 없으면
남을 원망한다

———

고령화 사회가 된 지금, 나이가 들어 고독해져서 주위 사람들을 원망하는 모습을 자주 봅니다. 그중에는 '나는 남을 위해 열심히 살았다'고 믿는 사람이 많습니다.

반면, '나는 내 마음대로 살았다'고 생각하는 사람은 고독해져도 남을 원망하지 않을 것입니다. 자기 마음대로 살았기에 주위 사람들의 태도가 차가워도 불만이 없습니다.

그러나 자신이 남을 위해 살았다고 믿는 사람은 주위 사람들의 차가운 태도를 원망합니다. 혹은 나이가 들어 정신을 차리고 보니 주위에 아무도 없다는 것을 알게 되면, 틀림없이 지금까지 주위에 있던 사람들을 원망할 것입니다.

지금 일본에는 '내가 이렇게 자식을 위해 일하며 살았는데…'라며 성장한 자식의 태도를 한탄하는 어머니가 얼마나 많은지 모릅니다. 혹은 퇴직한 뒤 '내가 부하를 위해 열심히 일했는데 냉정하다'며 예전 부하의 태도를 원망하는 사람도 많습니다.

'자기 세계'가 있었다면 이렇게 한탄하거나 남을 원망하지는 않을 것입니다. 설령 좋지 않은 사람들 밖에 만나지 못했다 해도, 내가 지금 이렇게 도와주더라도 이 사람은 나중에 날 도와주지 않을 거라고 생각할 수 있을 것입니다.

자기 세계를 가진 사람은 남을 원망하는 마음이 훨씬 덜합니다. 자신도 자기 세계에서 살아왔기 때문에 남을 용서할 수 있습니다.

내가 이렇게 자식을 위해 살았는데 야속하다며 한탄하거나, 자식이 불효자로 자랐다고 나무라는 어머니는 자기 세계가 없는 부모입니다. 안타깝게도 본인은 그 사실을 알지 못합니다.

부하의 태도를 탓하는 사람도 만약 자기 세계가 있었다면 어땠을까요? 부하 역시 자신의 상사에 어울리는 사람이 되기 위해 다른 모습을 보이지 않았을까요?

자기 세계가 있는 사람은 주변의 인간관계를 자신의 힘으로 변화시킬 수 있습니다.

어리광을 억누르고
훌륭한 사회인으로 살았다

————

어리광 부리는 성격을 가진 사람들은 나이가 들수록 많은 걸 꺼리게 됩니다. 사람들을 사귀어도 형식적으로밖에 만나지 않아 점점 고독해집니다.

우선 그들은 어릴 때부터 충족되지 않은 어리광 욕구를 채우려고 합니다. 사회적으로 어른이 되어 어리광 욕구를 채우려면 모두가 오냐오냐 떠받드는 대우를 받아야 합니다. 즉, 모두에게 '대단하다'고 인정받아야 합니다.

하지만 어른이 되어 이런 욕구를 채우려면 어릴 때처

럼은 할 수 없습니다. 즉, 사회적으로 '훌륭한 사람'을 연기하지 않으면 안 됩니다. 그래서 이런 사람은 현역 시절에는 회사에서 아주 열심히 일합니다. 아이처럼 직접 어리광 욕구를 표현하면 주위 사람들이 싫어하기 때문에, 이 욕구를 억누르고 훌륭하게 일하지 않을 수 없습니다.

또 자신이 원하는 것을 확실하게 표현하지 못해 늘 본의 아니게 남에게 양보하기도 합니다. 그렇게 행동하면 다른 사람들의 호의를 받을 수 있다고 착각하기 때문입니다. 따라서 공격성 따위도 드러내지 않고 억압합니다. 하지만 그것이 언젠가는 마음속에서 적개심으로 바뀝니다.

현역 시절 업무에 대한 열정도, 성실함도, 남이 싫어하는 일을 나서서 떠맡는 것도 모두 사람들의 호의를 기대하고 인정받고 싶어 그렇게 행동하는 것뿐입니다.

겉으로는 훌륭해 보이는 이러한 집착 성격은 어리광 욕구에 대한 보상적 만족을 바라며 형성됩니다. 주위 사람들의 호의가 어리광 욕구를 보상적으로 채워주기에, 그것을 기대합니다. 어머니에게 어리광을 부리는 어린아이를 생각하면 쉽게 이해할 수 있습니다. 아이는 어머니를 독점하려 하고, 어머니가 다른 사람에게 관심을 주면 화를 냅니다.

어른이 되어도 어리광 욕구가 충족되지 않은 사람은 이와 마찬가지입니다. 하지만 어린아이처럼 직접적으로 표현할 수는 없어서 아무래도 시기심이 많아집니다. 그러나 대부분은 집착 성격에서 오는 시기심을 드러내지 않습니다. 사람들이 시기심이 많은 성격을 싫어하기 때문입니다.

"억압은 확대된다"라는 와인버그의 주장대로 그들은 차례차례 본래의 감정을 억압해 갑니다. 그 결과, 감정둔마(감수성이 무디어져서 감정을 느끼지 못하는 상태)가 심해집니다. 오감의 발달이 저해되고 무엇을 경험해도 감동하지 않게 됩니다.

어쨌든 집착 성격을 가진 사람은 성실하지만, 시기심이 많습니다. 그래서 타인의 성공이나 인기가 재미없습니다. 오직 자신만이 칭찬받고 싶기 때문입니다. 하지만, 좀처럼 칭찬받지 못해 불쾌합니다.

이들은 그 불쾌함이 자신의 시기심 때문이라는 것을 대부분 자각하지 못합니다. 시기심의 감정 또한 억압받고 있어서입니다.

내적인 힘이 있어야
진심으로 살 수 있다

———

'나는 이것을 하고 싶다.'

이런 마음이 없으면 인간관계에서 오는 갈등 같은 인생의 과제들을 해결할 수 없습니다. 50세로 상징되는 다난한 인생을 극복하기 위해서는 무엇보다 '내적인 힘'이 필요합니다.

청년기에는 아직 내적인 힘이 충분하지 않습니다. 내적인 힘은 '정체성 확립'과 '흥미에 대한 각성'에서 나옵니다. 즉, '나는 누구인가?'를 알아 가는 것입니다.

바로 이런 과정을 통해 청년기의 심리적 과제를 해결하고 어려움을 극복할 수 있습니다. 청년기를 이렇게 성공적으로 보낸 사람은 자기 자신을 충분히 알게 됩니다.

왜 산을 오르는 걸까?
그곳에 산이 있기 때문이다
왜 사는 걸까?
태어났기 때문이다

내적인 힘을 갖는다는 것은 '진심으로 사는 것이란 무엇인가'를 체득하는 일입니다. 이를 이해하고 장년기에 들어간 사람은 인생이 힘들고 때론 책임감의 무게에 괴로워하면서도 그 어려움을 극복해 나갑니다. 내적인 힘을 가진 사람은 만일의 경우에도 '진심'을 잃지 않습니다.

장년기부터 노년기까지 대부분은 '진심으로 좋아하는 일'을 찾고 싶어 합니다. 그런데 이를 찾지 못하는 사람은 장년기까지의 과제를 해결하지 않고 도망쳐 왔기 때문입니다. 심리적으로 해결하지 못한 과제들을 쌓아둔 채로, 다음 시기에 좋아하는 일을 찾으려고 하는 것은 무리입니다.

좋아하는 일을 찾은 사람은 실존적 욕구불만을 느끼지 않습니다. 하지만 그렇지 못하면 사랑과 정의의 가면을 쓴 채로 다른 사람과 얽혀 질투와 시기심에 사로잡힙니다.

간혹 정년퇴직자가 이웃의 분쟁에 관여하기도 합니다. 이는 사회적·육체적으로 이미 고령이 되었지만, 심리적으로는 타인에게 사랑받고 인정받고 싶은 '수동적 대상애'라는 어리광을 부리는 모습입니다. 거기서 더욱 비틀거리며 그 삶에 실패하면 고집이 세지고 고독해집니다. 심각하게 고민하지 않을 수 없는 문제입니다.

"손자가 걱정되어 참을 수 없다"라고 말하는 것은 사실 손자와 만나고 싶어서입니다. 외로울 뿐입니다. "너만 행복하다면 나는 아무래도 좋아"라고 자기 합리화를 하기도 합니다. 그리고는 "나는 괜찮아"라고 말합니다.

남에게 보여주기 위한
인생을 걸고 말았다

———

시기심이 많은 사람은 수동적 공격성이 강합니다. 즉, 마음속에 자신의 숨겨진 적개심이 있다는 것을 알지 못합니다. 수줍음을 많이 타는 사람도 자기 마음속 깊은 곳에 있는 적개심을 알아차리지 못하고 있습니다.

그럼 심리적인 문제가 있는 사람은 사회생활에서 어떤 모습을 보일까요? 의사소통 능력이 부족해 동료나 상사와의 소통이 원만하지 못합니다. 자신의 감정을 알아주지 않는 데 불만을 느낍니다.

그렇지만 '남이 볼 때' 자신이 행복해 보이기만 하면 됩니다. 자기 스스로 어떻게 생각하는지는 중요하지 않습니다.

이것은 자기 자신을 위한 인생이 아니라 남에게 보여주기 위한 인생입니다. 즉, 자기소외의 상태에 있지만 알아차리지 못합니다. 이들은 다른 사람에게서 '훌륭하다, 대단하다'는 평가를 받음으로써 자기 존재를 경험합니다.

여기서 비롯된 것이 '과잉 민감성'입니다. '섬세한 사람' 등으로 불리는 이런 사람은 마음속에 심리적으로 해결하지 못한 과제를 안고 있습니다. 그에게는 마음의 발자국이 없습니다.

정체성이 확립되어 있지 않아서 내가 나 자신이 아닌데 그것을 깨닫지 못하고 뭔가 뒤숭숭한 감정에 사로잡힙니다. 소중한 것을 잃어버린 기분이 들지만, 무엇을 잃어버렸는지 모릅니다. 외국에서 여권을 잃어버리거나 집으로 돌아가는 길을 헤매는 꿈을 꾸기도 합니다. 아무리 애를 써도 목적지에 도달할 수 없습니다. 타인과 있으면 불편하고 그대로 마주 볼 수 없습니다.

보통 우리는 무의식적으로 '나는 누구일까?'를 생각하지 않습니다. 'Who Am I?' 무의식적으로 이런 생각을 한다면, 과잉 민감성인 사람입니다.

한번은 독자에게서 이런 편지를 받았습니다.

저는 어릴 때부터 어머니와 쇼핑하는 것이 싫었습니다. 옷을 살 때 제 마음에 든 것을 어머니도 좋아한 적이 없었으니까요. 하지만 어머니도 좀처럼 정하지 못해 '이걸로 할까, 저걸로 할까' 망설이셨습니다. 그러다가 "네 옷이니 스스로 정해."으레 이렇게 말씀하시곤 했어요. 그 말에 제가 다시 고르면 어머니는 또 마음에 안 든다고 하고… 그래서 가만히 있으면 어머니는 "정말, 얘는!" 하고 답답해하셨어요.

저는 도대체 어떻게 하면 좋을지 모르겠더라고요. 어머니는 이러저러한 말을 하다 결국에는 '저를 위해' 모든 것을 선택하셨습니다.

이 사람은 어머니의 페이스에 휘말려 혼란스러우면서도 침묵하는 것 이외에는 아무것도 할 수 없었습니다.

어머니는 딸의 개성은 인정하지 않지만 스스로는 좋은 어머니라고 생각했을 것입니다. 하지만 딸이 심리적으로 혼란스러워서 침묵해 버린 것을 알지 못했습니다. 그러니까 딸에게 아무 말도 못 하게 하고선, "정말, 얘는!"이라며 답답해했을 겁니다.

이런 어머니에게 아이는 불안감을 느끼고 불만을 가지게 됩니다.

그럼 자신감을 가진다는 것은 무엇일까요?

먼저 자기 의견을 말할 수 있어야 합니다. "이것은 안 된다"라고 말하는 부모에게 아이는 안정감을 느낍니다. 그러나 자신감이 없는 부모는 자기 세계를 지키기 위한 가장 손쉬운 방법으로 아이의 마음을 다치게 합니다. 아이는 현실의 자신을 증오하고 노이로제에 걸리게 됩니다.

자신은 백조인데 오리로 있으려고 한 10년의 노력이 이 사람을 노이로제에 시달리게 한 것입니다. 사과를 귤로 만들려고 한 억지스러운 노력이 결국에는 사람을 싫어하는 성격으로 만든 것입니다.

당신을 위해서가 아닌
나를 위해

───

정년이 시야에 들어온 시기부터는 인생의 방향키를 돌려야 합니다. 사실 입으로 말하기는 쉽지만 실제로는 꽤 어려운 일입니다. 하지만 할 수 없는 것은 아닙니다.

집착하는 성격을 가진 사람은 주변 사람들에게 인정받고 싶어하지만, 원하는 것을 얻는 방법을 잘못 알고 있습니다. 이런 사람의 마음은 고독하고 외롭습니다. 그러나 무의식의 영역에서 원래 다른 사람과 함께하는 일을 좋아하는 사람일 수도 있습니다.

이 두 경향은 모순되지만, 스스로 그렇게 바뀌고자 노력하면 주위에 모이는 사람도 차츰 변해갈 것입니다. 지금까지와는 다르게 좋은 사람들이 모입니다. 거기에 더해 어려운 일이지만, 다른 사람의 성공을 기꺼이 기뻐할 수 있다면 행복해질 수 있습니다. 예를 들어, 동료 교수의 강의가 학생들에게 인기가 있어 이를 기뻐한다면, 이런 사람은 정년 후 행복한 여생을 보냅니다.

즉, 이러한 관계를 통해 '진정한 의미'에서 다른 사람들에게 인정받을 수 있습니다. 여기에서 '진정한 의미'란 살아가는 데 '마음의 버팀목'이 된다는 뜻입니다.

사람은 자기 자신을 위해 일합니다. 그런데도 상대를 위해 일한다고 생각하기 때문에 상대에게 무언가를 요구하게 되고 불만이 생깁니다.

'당신을 위해'라는 말은 거짓말입니다. 연인 사이든, 부모 자식 관계이든, 상사와 부하의 관계이든 이런 감정이 있으면 관계는 틀어집니다. 대부분 자신이 미움받고 싶지 않아서 그런 것입니다.

진심으로 당신을 위해 일하는 사람은 '당신을 위해'라고 말하지 않습니다. 하지만 자신이 없는 사람은 억지로 상대를 위해 애를 씁니다. 그리곤 고마워하기를 바랍니다. 당신을 위해 했다는 감정이야말로 인간관계를 어긋나게 하는 가장 큰 요소입니다.

미국의 한 가게에서 여러 가지 시가 적힌 예쁜 종이를 팔고 있었습니다. 그중 〈As I grow〉(나이 들면서)라는 제목의 시구(詩句)가 기억이 납니다.

자신감을 가지세요

당신 자신의 행복을 쌓으세요

그리고 저에게 같은 것을 가르쳐 주세요

그러면 저는 당신처럼 행복하고 훌륭하고

마음 풍족한 인생을 보낼 수 있을 거예요

나 자신을 위해서 일한다고 생각하면, 상대방에게 터무니없는 일을 당하더라도 '이것도 감수하자'고 받아들일 수 있을 것입니다.

Part 2

나만의 인생을 살게 하는 힘

괴로움의 원인을 착각하면 죽을 때까지 무의미하게 번민한다
걱정이나 괴로움을 올바르게 이해함으로써 성장한다

당연성

인생의 첫 번째 과제를 만나다

살아가는 데는 '적절함'이 필요합니다. 바로 그것이 '당연성'입니다.
이것을 이해하지 못하고 유아기와 소년기를 보내면 타인을 대하는 데 두려움이 생깁니다.
결국, 사람을 믿지 못하게 됩니다.
무의식에 안정감을 느끼며 성장하지 못합니다.

인류의 보편적 과제
'오이디푸스 콤플렉스'

———

프로이트는 "오이디푸스 콤플렉스의 극복은 인류의 보편적 과제다"라고 말했습니다.

이것은 아버지에게서 자립하는 일입니다. 아들이 정서적으로 미성숙한 아버지에게서 자립하기란 매우 어렵습니다. 아들의 성장은 정서적으로 미성숙한 아버지에게 심리적인 위협이 되고, 아이는 거세 공포를 가집니다.

어느 고등학교 선생님의 이야기입니다. 그는 항상 "우

리 반에는 너보다 키 큰 학생이 있어"라는 말로 아들을 멸시했습니다. 자신의 가치가 위협받는 것을 막으려고 '불안 회피의 방법'으로 아들을 모욕한 것입니다. 그 말을 들은 아이는 거세 공포를 느낍니다.

의사가 된 이 아들은 육체적·사회적으로 50이 되었지만 심리적으로는 여전히 세 살에 머물러 있었습니다. 그는 환자를 얕잡아 보고 무시함으로써 마음을 달랩니다.

오이디푸스 콤플렉스를 극복하려면 아버지에게서 자립해야 합니다. 나르시시즘을 극복해야 합니다. 자신이 특별한 대우를 받아야 한다고 기대하지 않고, 또 그것을 요구하지 않아야 합니다. 이는 신경증적 요구를 포기하고 내면에 있는 웅대한 자아를 고집하지 않는 것입니다.

그러나 이러한 인류의 보편적인 과제 해결에 실패하고 어른이 되면, 이것이 꼬리를 물고 '은둔형 외톨이'까지 이어지기도 합니다. 심리적인 성장을 멈추는 것을 합리화하는 이런 성격에는 불안을 소극적으로 해결하고자 하는 특징이 있습니다.

아버지를 대하는 이런 양면적인 태도와 어머니를 단순한 애정의 대상으로 얻으려는 노력이 남자아이가 가지는 단순하고 적극적인 오이디푸스 콤플렉스입니다.[12]

오이디푸스 콤플렉스는 본래 일반적으로 인류에게 존재합니다.[13]

---

12) 지그문트 프로이트, 《フロイド選集〈第四卷〉自我論(프로이트 전집 '제4권' 자아론)》
13) 미야기 오토야, 《精神分析入門(정신분석입문)》

어리광을 부리는
'엘렉트라 콤플렉스'

―――

        오이디푸스 콤플렉스와 비교하여 어머니에게서 자립을 말할 때 엘렉트라 콤플렉스[14]를 자주 인용합니다. 이것도 그리스 신화에서 유래합니다.

    아버지 아가멤논을 죽인 어머니 클리타임네스트라에 대해 엘렉트라는 오빠 오레스테스와 함께 아버지의 묘소 앞에서 태양신 아폴론에게 복수를 맹세합니다. 하지

―――

14) 여성이 어머니를 증오하고 자신의 아버지에게 성적 애착을 느끼는 증상

만 클리타임네스트라가 모성애로 아들에게 마지막으로 호소하자 오레스테스는 주저합니다. '나는 저항할 수 없어. 힘이 빠져버렸어!'라며 칼을 떨어뜨립니다.

오레스테스가 어머니의 호소에 '비호받고 싶다', '퇴행하고 싶다', '수동적으로 행동하고 싶다', '둔감해지고 싶다'는 유혹을 느낀 것인데, 이것은 자궁으로 회귀하고 싶은 심리를 상징합니다. 한 개인에게는 성숙이나 자유 의식과 달리 이러한 정반대의 심리적 경향이 있다는 것을 말하려는 것인지도 모릅니다.[15]

오이디푸스 콤플렉스와 마찬가지로 엘렉트라 콤플렉스를 해결하는 것 역시 인생에서 아주 중요한 일입니다. 이 문제를 해결하지 못해 인생에서 어려움을 겪는 사람이 많습니다.

일본 문화를 소개할 때 반드시 나오는 '어리광' 또한 엘렉트라 콤플렉스로 설명할 수 있습니다. 에리히 프롬은 남존여비를 남성이 어머니에게서 하나의 인격체로

---

15) 롤로 메이, 《Man's Search for Himself(자기 자신을 찾아서)》

독립하는 심리적 이유(離乳)가 좌절된 것이라고 설명했습니다.

무엇보다 자신이 이러한 심리적 이유(離乳)로 좌절하고 있음을 알아차리는 것이 중요합니다. 아버지든 어머니든, 부모에게서 자립하는 일은 인생에서 최초이자 최대의 시련입니다.

엘렉트라 콤플렉스를 해결할 수 없어 가정폭력을 시작으로 부부간 불화나 여러 문제가 생기기도 합니다. 지금 일본은 아동 학대부터 직장 내 괴롭힘, 젊은이의 자살까지 마음의 병이 끊이지 않습니다.

심리적으로 자립할 '준비'가 안 된 젊은이에게 자립을 촉구하는 것은 역효과를 불러올지도 모릅니다. 그럼에도 현대 사회는 심리적 나이가 아닌, 사회적 나이에 어울리는 자립을 요구합니다. 하지만 그런 요구는 '준비'가 되지 않은 사람의 심리적 나이에 맞지 않습니다. 여기에서 '준비'란 감정이나 의지의 활동 방향을 정하는 것입니다.

앞으로 나아가기 위해서는 후퇴를 인정하지 않으면 안 되지만, 현실에서 육체적·사회적 나이는 후퇴할 수 없어서 심리적 나이와의 간격이 점점 커집니다. 그 한계를 넘어 버린 것이 히키코모리, 니트족(일하지 않고 일할 의지도 없는 청년 무직자), 등교 거부와 같은 현상입니다.

엘리트 코스를 밟아 사무차관까지 올라간 사람이 아들을 살해한 사건이 있었습니다. 물론 그를 비판할 자격은 누구에게도 없습니다. 그 정도로 인생은 어렵습니다. 또 엘리트 코스를 밟음으로써 인생의 문제들을 해결할 수 있을 정도로 사는 게 쉽다면, 그 누구도 자살까지 내몰리지 않을 겁니다.

인격은 단계에 따라 형성됩니다. 인생을 제대로 시작하지도 못했는데 50부터의 삶을 정색하고 말하는 책이 있다면, '어떻게 하면 50이 될 수 있을까'가 아마도 어울리는 제목이 아닐까요.

행복에 대한 환상
'보이지 않는 빚' 증후군

———

50부터의 삶을 생각하고 의미 있는 노년기를 원한다면 어떻게 해야 할까요?

우선 과거에 있었던 마음속 부채를 털어내는 수밖에 없습니다. 50까지 마음의 빚을 안고 살아왔으면서 50 이후에 생산적인 인생을 살겠다는 것은 말이 안 됩니다. 갑자기 생산적으로 살려 해도 그렇게 하기는 어렵습니다.

그러므로 어릴 때부터 되짚어 보며, 그때그때 풀지 못한 채 남아있는 인생의 과제를 하나씩 해결하고 한 걸음

씩 심리적 성장을 해나가야 합니다.

앞에서 살펴본 대로, 인생 최초의 과제는 오이디푸스 콤플렉스를 극복하는 일입니다. 그것을 해결하지 않으면, 머리로는 '이렇게 하면 행복해질 수 있다'는 것을 알고 있어도 대부분 실행하지 못합니다. 이와 반대되는 요구가 무의식에 있기 때문입니다.

반대로 '이렇게 하면 불행해진다'는 것을 알고 있어도, 그것을 실행하지 않을 수 없습니다. '그것을 해!'라는 요구가 무의식에 있기 때문입니다.

충실한 노년기를 원한다면 정년의 나이부터라도 생산적인 마음가짐을 몸에 익혀야 합니다. 요컨대 40이든 60이든, 심리적으로 지금 사는 것만으로도 버겁다면 자신이 지금까지 해결해야 할 인생의 과제를 풀지 않은 채로 살아왔다는 것을 자각해야 합니다. 즉, '그 나이에 어울리는 자아'가 확립되어 있지 않음을 깨닫는 것입니다.

국제스트레스기금 이사장이자 스트레스와 현대병의 관계를 연구한 미국의 심장전문의 로버트 엘리엇(Robert

S. Eliot) 박사는 심장마비에 의한 급사, 정신 신체 질환의 주원인으로 '보이지 않는 덫' 증후군, 뿌리 깊은 고민을 꼽았습니다. 빠르게 변화하는 세상에 잘 적응하지 못하는 사람들이 불안이나 걱정, 좌절로 심장마비를 일으키는 경우가 많다는 것입니다.[16]

'보이지 않는 덫' 증후군에 걸린 사람은 소비사회에 흠뻑 빠져 있습니다. 소비사회에서는 많은 기업이 마법의 지팡이를 마구 팔고 있습니다. 그것을 아무리 가져도 행복을 얻을 수 없는데도 행복에 대한 환상 같은 '보이지 않는 덫'에 걸려 인생에서 어려움을 겪는 사람이 많습니다.

이런 사람은 자신의 존재를 스스로 확인할 수 없어 억지로 열심히 애쓰며 인정받으려고 합니다. 그렇게 인정받아도 행복해질 수 없는데, 행복해질 수 있다고 착각하고 필사적으로 인정받으려 합니다.

바로 '보이지 않는 덫' 증후군에 빠져 있는 사람들입니다.

---

16) 데니스 웨이틀리,《The Psychology of Winning(승자의 심리학)》

성장과 자유는
고통의 끝에 있다

———

흔히 말하는 것처럼 컵에 물이 반쯤 들어 있을 때 '반이나 있다'고 생각하는 사람과 '반밖에 없다'고 생각하는 사람이 있습니다.

어떻게 생각해야 행복해지는지는 잘 알지만, 현실에서는 '반이나 있다'고 아무리 생각하려고 해도 '반밖에 없다'는 생각밖에 안 듭니다. "이것만 있으면 말이야~"라고 말하지만 '이것'을 가진 다음에는 바로 "저것만 있으면 말이야~"라고 말합니다.

이런 모습은 구체적으로 무언가 불만이 있어서가 아니라 불만이라는 존재가 살고 있어서입니다. 그 이유는 그때까지 자신의 인생 과제를 해결하지 않고 살아 왔기 때문입니다.

우울증에 대해 여기서 자세히 설명하지는 않겠지만, 우울증의 대표적인 특징은 '만족의 감소'입니다. 즉, 무엇을 해도 만족할 수 없습니다. 우울증을 겪는 사람에게 "지금 당신에게는 이렇게 좋은 것이 있다"라고 말해도 별 의미가 없습니다. 좋은 것이 아무리 많아도 자신에게는 아무것도 없다고 생각합니다. 아무것도 없어서 우울증에 걸리는 것이 아니라, 우울증에 걸려서 자신에게 아무것도 없다고 느끼는 것입니다.

사실 행복이란 컵에 물이 반쯤 있는지 없는지가 중요한 게 아니라, 욕심 많은 성격인지 그렇지 않은지가 중요한 문제입니다. 그것을 더 파고들어 가면 욕심 많은 성격은 애정 결핍이 심합니다. 마음속에 분노를 품고 있습니다. 어른으로서의 성장은 이 욕심 많은 성격을 스스로 깨닫는 것에서 시작됩니다.

어릴 때부터 피할 수 없는 문제에서 도망쳐 살아온 사람은 사회적·육체적으로는 어른이 되어도 심리적으로는 어린아이입니다. 흔히 말하는 '어른 아이'입니다. 육체적으로 몇 살이 되어도 제 역할을 하는 사회인이 되기 어렵습니다.

오이디푸스 콤플렉스를 극복했으니 어른이 되었다고 보기는 어렵습니다. 단지 성장을 위한 한 단계를 넘은 것뿐입니다.

청년기의 과제를 해결하는 것은 피를 흘리며 강을 건너는 일처럼 어렵습니다. 너무나 힘들어서 강을 건너지 않으면 가정폭력이나 학대, 알코올에 의존하거나 부부 사이에 불화가 생기기도 합니다. 왕따나 등교 거부, 직장 내 괴롭힘 같은 정신적 폭력에 시달려 은둔형 외톨이가 되기도 하고, 우울증이나 불면증, 편두통, 자살 같은 마음의 병에 괴로워하게 됩니다.

마음은 이렇게 힘들지만, 이와 반대로 소득은 증가하고 소비사회는 번영합니다.

사람은 태어나면서부터 서로 다른 두 성향이 있습니다. '모험을 추구하는 성향과 확실한 것을 추구하는 성향, 이것은 부담을 안고도 독립을 바라는 성향과 그보다는 보호나 의존을 바라는 성향'[17]으로 나타납니다.

이 두 성향의 딜레마를 해결하지 못하면 자신의 심리적인 과제들을 해결할 수 없습니다. 또한 19세기 철학자 키에르케고르는 다음과 같이 말했습니다.

> 모든 경험에서 인간은 앞으로 나아가기를 원한다.
> 그러나 동시에 나아가지 않는 것, 가능성을 실현
> 하지 않기를 원한다.
> 건강한 상태와 신경증적인 상태는 다음과 같이
> 구별된다. 건강한 사람은 갈등이 있지만, 앞으로
> 나아가 자유를 실현한다. 건강하지 않은 사람은
> 자유를 희생하면서 갇힌 상태로 움츠러든다.[18]

---

17) 에리히 프롬, 《The Heart of Man(인간의 마음)》

산다는 것은 '성장과 자유', 또는 '퇴행과 속박' 사이의 갈등입니다. 성장과 자유에도 고통이 따르고 퇴행과 속박에도 고통이 따릅니다. 태어난 이상, 괴로움이나 슬픔은 피할 수 없습니다.

18) 롤로 메이, 《The Meaning of Anxiety(불안의 의미)》

성장 동기가 있으면
절대평가로 살 수 있다

———

　　　　　　　　　　성장 동기로 움직이는 사람은 타인에게 의지하지 않으므로 양면적인 모습을 보이지 않고 불안에서 오는 적개심도 적습니다.

　자립하거나 어떤 환경에서 상대적으로 독립하면 악운이나 힘든 충격, 비극, 스트레스, 손실과 같은 외적인 역경으로부터 비교적 영향을 덜 받습니다.[19] 외부 자극으로

———

19) 에이브러햄 H. 매슬로,《Toward a Psychology of Being(존재의 심리학)》

반응이 일어나지만, 비교적 자유롭습니다. 하지만 교류가 부족하다는 것은 아닙니다.[20]

성장 동기로 사는 것이 바람직하다고 말해도 바로 그렇게 살 수 있는 것은 아닙니다. 이 책에 반복하여 말했듯이 인생은 여러 단계로 이루어지고, 각 시기마다 해결해야 할 심리적 과제가 있기 때문입니다.

이렇게 소년기의 과제를 해결하고 청년기의 과제에 애쓰다 보면, 성장 동기를 얻게 되어 생산적으로 살 기회를 발견하게 됩니다. 자신의 고유한 능력을 발휘할 기회를 찾을 수 있습니다.

오늘 하루 성장 동기로 움직이면, '새로운 세계'가 보입니다. 성장 동기로 움직이는 사람은 상대를 도구가 아닌 하나의 독립된 인간으로 봅니다.[21] 상대를 도구가 아닌 온전한 인간으로 파악하면, 경외의 감정이 솟아나고 친밀감을 느낄 수 있습니다. 새로운 세계를 접하게 됩니다.

'나라는 존재는 훌륭하다'는 생각을 마음속에 확실히

---

20) 19)와 같은 책
21) 19)와 같은 책

뿌리내리는 게 중요합니다.

　더운 여름날, 두 사람이 트럭 위와 노상에서 서로 밧줄을 던지며 짐을 꾸리고 있습니다. 일은 고되지만, 이 둘의 마음은 만족스럽습니다.

　우울증에 걸린 사람은 이런 관계를 맺을 수 없습니다. 타인과 관계를 맺는 것에 어려움을 느끼기 때문입니다. 다른 사람들로부터 격려를 받으면 보통은 나에게 '마음의 지팡이를 빌려주고 있구나!'라고 생각합니다. 그러나 우울증에 걸린 사람은 이런 마음의 지팡이조차도 채찍으로 여깁니다.

　이렇듯 성장 동기로 사는지, 결핍 동기로 사는지에 따라 같은 사물도 다르게 보입니다.

　아름다운 백조는 오리의 세계에서는 인정받지 못합니다. 절대평가로 칭찬받은 경험이 있어야 제대로 성장할 수 있습니다. 상대평가로 치켜세워진 아이는 앞서가더라도 성장하지 못합니다. 청년기에는 상대평가로 칭찬을 받아 기분은 좋을지라도, 고령자가 되면 바로 기력이 빠집니다.

　절대평가로 칭찬받은 경험이 있는 아이는 점차 시간이 지나면서 자신감을 키워 나갑니다. 그런 사람은 나이가 들어서도 자신감을 잃지 않고 생활할 수 있습니다.

　그래서 노년기가 되면 상대평가는 의미가 없습니다. 절대평가로 인생을 바라봐야 합니다.

당연성을 이해하며
성장한다

———

인생의 첫 번째 과제는 오이디푸스 콤플렉스를 극복함과 동시에 '당연성'을 알아가는 것입니다.

죄를 범한 소년이 "왜 사람을 죽이면 안 되나요?"라고 말해 세상을 놀라게 한 일이 있었습니다. 사람을 죽이면 안 된다는 것은 당연한 일입니다. 인간의 존엄이나 품위, 품격은 동굴 안의 욕구를 고차원적인 것으로 통합하려는 행위입니다.

인간이 살기 위해 처음 필요한 것은 안정감과 신뢰감, 즉 '사람에 대한 믿음'입니다. 이것을 이해하면 당연성의 과제는 해결됩니다.

살아가는 데는 '적절함'이 필요합니다. 바로 그것이 '당연성'입니다.

목욕탕에서는 벌거벗어도 되지만 사람들이 있는 거실에서는 그러면 안 됩니다. 신발은 신발장에 넣고 냉장고에 넣지 않습니다. 결혼식에서 친척들과의 피로연과 친한 동료끼리 하는 피로연의 화제는 다릅니다. 웃는 얼굴이 예쁘다고 해서 장례식에서 마냥 웃는 사람이 있을까요? 김밥을 파는 편의점에서 불건전 도서를 판다면 그 자체가 이상합니다. 적어도 그 도서를 포장하는 것이 '사회적 적응성'입니다.

지금은 편의점이 엄마의 역할을 하고 시부야가 거실이 되었습니다. 당연성이 상실되어 가는 하나의 원인입니다.

당연성을 이해하지 못하고 유아기와 소년기를 보내면 타인을 대하는 데 두려움이 생깁니다. 결국, 사람을 믿지 못하게 됩니다. 무의식에 안정감을 느끼며 성장하지 못합니다. 그 결과 신경증이 생기고, 타인과 교류할 때 어떤 태도가 올바른지 이해하지 못합니다.

인간은 애착을 느끼는 대상과 '의미 있는 소통'을 하며 인격이 형성됩니다.

소년기에 심리적으로 건강한 사람들의 보살핌과 보호를 받은 아이는 의존적이었던 모습에서 자연스럽게 자립심을 키우도록 격려받으며 성장합니다. 그렇게 인생의 방향성이 정해집니다. 그리고는 스스로 문제를 해결해 갑니다.

부모와 좋은 관계를 갖지 못하면 심리적 과제를 해결하기 어렵습니다. 어릴 때부터 사람에 대한 불신을 안고 있으면, 성장하는 데 중요한 심리적 과제를 해결하지 못한 상태로 나이를 먹게 됩니다. 예를 들어, 부모와 자식이 '지배와 복종'의 관계를 갖고 있으면, 그런 환경에서 자란 아이는 커뮤니케이션 능력을 키울 수 없습니다. 그 결과 동료에게도 마음을 열지 못합니다.

이처럼 주권적 인물을 중심으로 하는 지배와 복종 관계는 우울증 환자를 만들어 내는 가족의 특징이기도 합니다. 이 단계에서 기본적 불안감을 가지게 될지, 공동감정(we-feeling, 집단 구성원이 갖는 '우리들'이라는 감정)을 가지게 될지는 이후 한 사람의 인생에 결정적인 영향을 줄 수 있습니다.

어릴 때 기본적 불안감을 해소하지 못하면 사람을 싫어하게 됩니다. 그렇게 되면 성장에 필요한 사람과 마음을 나눌 수 없습니다. 정체성을 확립할 수 없어 인생에서 잘못된 길로 들어서기 쉽습니다.

조출해도 만족하는
마음의 저녁 식사

———

인생에서 길을 잘못 들어서면, 자신의 안전을 확보하기 위해 열등감에 시달리면서도 우월한 사람이 되고 싶어 합니다. 하지만 인간관계에서 성장에 필요한 동료 의식을 갖기 어렵습니다.

이런 태도는 노년의 불행에까지 관련됩니다. 주위 사람들에게서 "그놈의 얼굴 보고 싶지도 않다"라는 말을 듣기도 하고, 본인도 주위 사람들을 싫어하게 됩니다.

노년의 과제는 '내적 성숙'이지만, 이렇게 되면 도저히 그 과제를 해결하는 데까지는 이르지 못합니다. 한 마디로 사는 것이 어려워집니다. 정신분석학자인 카렌 호나이(Karen Horney)는 '신경증적 비 이기주의'라는 말로 표현했습니다. 이는 신경증적인 갈등을 해결하려는 시도가 좌절된 것입니다.

예를 들어 청년기에는 연애에서 해결을 하려고 합니다. 자신의 시간과 에너지를 상대를 위해 할애하지만, 마음은 충족되지 않습니다. 토라진 상대의 마음을 돌리려고 시도하지만 결국 실패하고 은둔형 외톨이가 되거나, 최악으로 반사회적인 사람이 되기도 합니다.

인간은 어릴 때부터 '보호와 안전'을 바랍니다. 그러나 신경증을 갖고 있으면 극단적인 사람들에게 영합하거나 반대로 극단적으로 거부합니다.

어린아이는 저녁 식사 때 독무대를 누리며 성장합니다. 불우한 환경에는 그러한 저녁 식사에서 누려야 할 즐거움을 잃어버립니다.

고급 요리를 먹지 않아도 좋습니다

무즙을 넣은 꽁치를 먹고 마음을 힐링합니다

감자조림을 먹고 마음을 힐링합니다

이것이 마음의 저녁 식사입니다

Chapter 5

정체성
마음속 버팀목을 세우다

정체성이 확립되어 있으면 어떻게든 장년기의 인생에서 살아남습니다.
현실의 고통은 피할 수 없다고 해도 끝까지 살아남습니다.
'나는 이런 사람이다'라고 가슴을 펴고 말할 수 있게 되면
그 관점에서 정체성이 확립됩니다.

자신을 좁은 세계에
가두고 있지는 않은가

———

청년기의 과제인 정체성은 다른 사람과 소통하고 교류하면서 확립됩니다. 동시에 혼자만의 시간도 필요합니다. 그러나 이보다 앞선 소년기의 과제가 해결되지 않았다면, 이 모든 것이 어렵습니다.

청년기에 정체성을 확립하는 방향으로 성장하지 못하면 자신의 가치가 위협당하는 것을 방어하고자 오히려 '불안 회피의 방법'으로 달려갑니다. 화려한 고립을 선택하거나 노이로제 집단을 만듭니다. 다시 말해, 신경증적 자존심을 지키기 위해 집단에 들어가거나, 혹은 고독해집니다. 최악은 은둔형 외톨이가 됩니다. 이는 현실에서의 방어적 퇴각입니다.

구체적으로는 좁은 세계에 자신을 가둠으로써 자기가치를 지킵니다. 좁은 세계란 고독하거나 같은 부류의 사람들이 있는 곳입니다. 소위 '문어항아리 문화'[22]라고 말하는 세계로 들어가는 것입니다.

더 나아가면 '다 자라버린 어린아이'가 되는데, 다시 말해 '퇴각 노이로제'에 시달리게 됩니다. 사회적으로 틀어박히지 않아도 심리적으로 틀어박히게 되어, 청년기의 과제인 흥미에 대한 각성으로 이어지지 못하고, 넓은 시야의 형성에도 어려움을 겪게 됩니다.

본래 장년기는 청년기에 몸에 익힌 행동 패턴을 새로운 세계에서 활용해 '나는 무엇인가?'를 아는 시기이자

---

22) 일본의 정치학자 마루야마 마사오가 《일본의 사상》(1961)에서 부챗살 문화와 대비하여 제창한 개념. 공통의 근원에서 분화한 많은 가는 가지를 가진 부챗살 모양과 다르게 문어항아리는 각각 독립된 항아리가 하나의 줄로 병렬적으로 연결된 것을 의미한다. 즉, 일본의 학문, 문화, 사회조직은 문어항아리 문화에서, 공통의 뿌리를 버린 형태로 전문분야가 나누어져 있어 각각 동료 집단을 만들어 상호 의사소통이 어렵다는 의미이다.

기회입니다.

인생에서 그때그때 과제를 해결하고 성장하면 '다른 사람들이 나에게 무엇을 기대하는가?'를 알게 됩니다. 자기중심성(남을 의식하지 아니하고 모든 정신 활동이나 행동을 자기 위주로 행하는 상태)에서 벗어나기 때문입니다.

장년기는 이것을 생각하고 익히고 사회 속에서, 동료 속에서 자신의 위치를 알고 힘을 발휘하는 시기입니다.

각 시기에 맞게 삶의 방식을 고민하고 가치관을 수정하는 일은 인생에서 가장 중요한 과제입니다. 현실에서의 방어적 퇴각으로 그것을 착각하는 것이 '신경증'입니다. 방어적 퇴각이란 현실에 전념하지 않는 것입니다.

'어른 아이'는 유아기의 만능감을 계속 가지고 싶어 합니다. 하지만 현실에서는 불가능하기에 일상생활에서는 은둔형 외톨이가 될 수 있습니다.

현실에 충실한
인생을 산다

———

정체성이 확립된 인생이란 무엇일까요?

'이상화된 자기'를 실현하려는 노력 중에 가장 극단

적인 충동이 완벽주의를 추구하려는 욕망입니다[23]

이상화된 자기실현에 정신이 팔려 있는 사람은,

• 자기실현에 에너지를 사용하지 못한다.

———

23) 카렌 호나이, 《Neurosis and Human Growth(노이로제와 인간 성장)》

- 심리적 성장을 할 수 없다.

- 의존심을 극복할 수 없다.

- 자신의 인생을 통제할 능력이 없다.

- 이상화된 자기를 실현한다는 관점에서 보면,
  할 일은 극단적으로 적어진다.

정체성을 확립한 사람은,

- 이상화된 자기를 실현할 필요가 없다.

- 현실에 맞게 생산적으로 에너지를 사용한다.

- 현실의 자신으로 눈을 돌리면 할 일이 많아
  진다.

- 현실에서 자신의 잠재적 능력을 실현한다는
  관점에서 보면, 인생에서 할 일은 많다.

**'자신의 본모습'을 아는 것이 현실에 충실한 인생을
사는 방법입니다**

신경증인 사람은,

- 할 수 있는 일을 하지 않고, 할 수 없는 일을

하려고 한다.

- 큰일을 하려고만 한다.
- 남의 주목을 받아서 마음을 달래려고 한다.
- 따라서 현실적으로는 아무것도 할 수가 없다.
- "자, 하자!"라고 말하면서 현실에서는 할 일이 없다.

결핍 동기에서 성장 동기로

성장 동기로 사는 사람은,

- 자신의 흥미를 알고 있다.
- 정체성의 확립에 장애가 되는 것이 무엇인지 생각한다.
- 청년기에 열심히 노력했지만 장년기에 좌절하는 사람이 있다. 하지만 정체성을 가진 사람은 나이가 들수록 점점 활기차고 심리적 안정을 유지한다.

나약함과 불행을
받아들인다

────

      청년기에 열심히 노력했지만 장년기에 어떻게 살아야 할지 막막해지는 사람은 어디가 문제였을까요?

  그가 열심히 노력한 이유는 부모나 주위 사람의 기대를 실현하기 위해서였지 자신의 내적 소망을 실현하기 위함은 아니었습니다. 결핍 동기로, 수동적인 태도로 열심히 노력했습니다. 하루하루 스트레스는 심해졌습니다.

  이렇게 스트레스를 견디고 열심히 일하며 에너지를

소비하는 사이, '나는 누구일까'에 대한 관심이 줄어듭니다. 자신을 잃고 그저 사회적 성공만을 바라며 열심히 일하다 보면 번아웃 증후군이 오기도 합니다. 불면증이나 의존증이 생기고 인간관계가 붕괴되는 등 여러 문제에 부딪힙니다. 가장 심각한 것은 은둔형 외톨이입니다. 청년기의 목적이 외부 환경에서 주어졌다는 것을 깨닫지 못한 채 열심히 노력만 한 결과입니다.

미국의 심리학자 댄 카일리(Dan Kiley)의 말처럼 '내가 어떤 사람인지' 관심이 줄어들면 자기 의지로 인생을 선택할 기회가 없어집니다. 상대방의 기대에 부응하는 것만 생각하고, 나는 누구인가를 생각하지 않게 됩니다.

오랫동안 반동형성(억압된 욕구가 반대 경향의 행동으로 나타나는 일)과 방어적 가치관으로 살아와 자기 자신을 알지 못하는 사람은 마음속에서 우러나는 '적절한 목적'을 가질 수 없습니다. 진심으로 하고 싶은 '의욕'을 느낄 수 없습니다.

정체성이 확립되지 못하면 '나는 이러한 사람'이라는 마음속 버팀목이 없습니다. 사회에서 받은 훌륭한 명함

만으로 자신감이 생기지는 않습니다. 진정한 의미에서 정체성을 세울 수 없습니다.

어딘가에 소속되고 싶은 마음이 사람을 움직이게 합니다. 정체성이 확립되지 못한 사람은 이러한 마음이 파괴되어 있습니다. 다른 사람과 마음을 나누지 못합니다. 그러나 나약함과 불행을 받아들이기만 하면 강해질 수 있습니다.

소년기부터 청년기까지의 과제는 '자신의 운명을 받아들이는 것'입니다. 그 후 장년기가 되면, 받아들인 '자기 운명을 사랑하는 것'이 과제입니다. 그렇게 볼 때, 인생 최대의 과제는 바로 자신의 운명을 받아들이는 것입니다. 그리고 그 현실을 받아들이는 것입니다.

당신은 억제형 성격인가요? 비억제형 성격인가요? 부모는 어떤 사람인가요? 성장한 환경은 어땠나요?

알프레드 아들러(Alfred Adler)는 "인생의 과제를 어떻게 해결할까?"를 생각하는 것이 인생에 대한 태도라고 말했습니다.

장년기의 문제를 해결하고 노년기로 들어가면, 이제는 '내적인 생산성'이 새로운 과제입니다. 그것이 아름다운 노년입니다.

자신의 나약함을 받아들이니 진정한 장점이 드러납니다. 불행을 받아들이니 진정한 행복이 보입니다.

어떤 가치관으로
살아왔는가

———

정체성 확립이란 지금 내가 있는 곳 이외의 세상이 있고 다양한 삶이 있음을 알아차리는 것입니다.

인격의 재구성은 정체성의 재구성이기도 합니다. 정체성이 확립되지 못하면 자기 곁에 다른 세상이 있다는 것도, 옆에 있는 사람이 어떤 세상에 살고 있는지도 알아차리지 못합니다.

입시를 앞둔 한 학생이 옆의 친구에게 "너는 어디에

낼 거야?"라며 종이를 내밀었습니다.

그러자 친구는 "이게 뭐야?"라고 물었습니다.

그것은 어느 대학의 수시 전형 서류였습니다. 흠칫했습니다. 같은 학교에서 공부하면서 전혀 다른 세상이 있다는 것을 몰랐습니다. 이렇게 우리는 타인을 통해 자신의 위치를 알게 됩니다.

입시가 중심이 된 학교의 폐해는 편향된 하나의 가치관이 학교 전체를 완전히 지배하고 있다는 것입니다. 게다가 더 두려운 점은 자신들과 다르면 '가치가 없다'고 믿는다는 것입니다. 그렇게 되면 이 세상에 가치는 하나밖에 없게 됩니다. 즉, 성적이 좋은 것이 가치이고, 성적표가 그 사람 인생의 가치입니다. 지는 것은 나쁘고 이기는 것이 가치를 지닙니다. 그래서 지기 싫어하는 사람은 항상 초조하고 불행합니다.

당신은 어떤 가치관으로 성장했나요? 열등감에 시달리면서 다른 사람보다 우월해지고 싶어 열심히 노력했다면, 이런 가치관만으로 성장했다면 잘못된 인생의 길로 들어서기 쉽습니다.

그런 사람은 육체적·사회적으로 50이 되어도 다섯 살로 돌아가 '나는 앞으로 어떻게 살까?'를 다시 생각해야만 합니다.

인생의 토대를 제대로 다지지 않고 마음의 지팡이 없이 둥둥 떠 있는 삶은 이리저리 휘둘리기 쉽습니다. 남의 이목을 중요하게 생각하므로 항상 큰 성과와 칭찬을 바라게 됩니다.

해외 유명 대학을 나와도 자기가 좋아하는 일이 무엇인지 모르는 사람이 많습니다. 자기 위치를 모르기에 코스를 벗어나면 어떻게 해야 할지 몰라 막막합니다. 다른 삶이 있음을 알아차리지 못합니다.

그런 가치관이 지배하는 세상에 태어났기에 미래는 정해져 있었습니다. 자신이 정한 것이 아닙니다. 대학도, 학부도, 학과도, 직업도 스스로 선택하지 않았습니다. 그렇게 엘리트 코스를 달리다 결국 우울증에 걸리거나 사소한 실패로 자살을 하는 최악의 상황이 발생하기도 합니다.

자기 컨트롤의 본질적 의미는, '스스로 결심한다'는 것입니다.[24] 자신의 인생 코스를 주권적 인물이 기대하는 바에 따라 정했더라도 역경에 강하지는 않습니다. 이것이 엘리트가 사소한 실패로 자살하는 이유입니다.

---

24) 데니스 웨이틀리,《The Psychology of Winning(승자의 심리학)》

사소한 것이라도
스스로 정한다

———

우리는 유아기, 소년기, 청년기를 거쳐 긴 인생을 준비하는 과정에서 여러 가지 심리적 경험을 하며 성장합니다. 이런 단계를 제대로 밟지 않으면 높은 지위에 올라도 멋진 노년기를 시작할 수 없습니다.

후지산에 오른 적도 없는 사람이 갑자기 히말라야에 오르면 조난하게 됩니다. 사실 요즘 사회적으로 조난하는 사람이 많습니다. 황혼 이혼이나 정년퇴직한 사람의 우울증, 가정폭력 등이 전형적인 모습입니다.

지금까지는 심리적으로 의존하고 있는 사람이 정해준 대로 살았습니다. 또 그대로 따르는 게 편하기도 했습니다. 그러나 이런 태도는 기쁨을 경험하는 일도 포기하는 것입니다.

그렇게 살아온 사람은 피터팬 증후군(몸은 어른이지만 어른의 세계에 끼지 못하는 '어른 아이')을 앓기도 합니다. 무책임하고 무관심하고 나르시시즘에 빠지기도 합니다.

이들은 패러다임 시프트를 하지 못합니다. 즉, 자신의 견해를 바꿀 수 없습니다. 지금까지 사회생활을 하면서 내키지 않는 일을 거절한 적이 없었습니다. 그것이 옳다고 믿고 살았기 때문입니다. 즉, 권위에 대해 복종하며 살았기에 괴로운 삶이었어도 그 삶을 바꿀 수 없었습니다.

처음으로 자기 스스로 선택하는 경험을 하게 되면, 아무리 사소한 것이라도 들뜨고 흥분할 수밖에 없습니다. 그것이 마음챙김 치료입니다.

예를 들어 요양 시설에 입주한 고령자가 손님과 만날 때 어디에서 누구와 만날지 등을 정하는, 이런 사소한 것도 '스스로' 정한다는 데 의미가 큽니다.

과거의 분석을 시작함으로써 패러다임 시프트를 할 수 있습니다. 마음챙김의 삶을 시작할 수 있습니다.

인연을
내 의지대로 만드는가

————

인생에서 가장 큰 과제는 마음이 편안해지는 것이 아닐까요? 다르게 표현하면 불안을 적극적으로 피하는 것입니다.

심리적으로 행복하지 않은 환경에서 성장한 사람에게 이 일은 매우 어렵습니다. 다른 사람에게 적개심을 가지는 것은 쉽지만, 마음을 나누는 일은 어렵습니다. 기본적으로 불안에는 자신이 의존하는 사람들에 대한 과도한 적개심이 담겨 있습니다.[25]

최대의 문제는 심리적 자립입니다. 다른 사람과 이어지면서 자립하는 것입니다.

의존심이 강하고 의지할 곳이 없다는 생각을 과도하게 할수록 타인의 존재가 너무나 중요해집니다. 타인의 말 한마디에 마음이 요동치고, 그럴수록 매달리고 싶어집니다. 또 그렇게 매달린 사람의 말에 마음은 더욱 동요합니다.

아무리 선한 사람이라도 이 악순환에 빠지면 에너지가 소진되고 초췌해집니다. 벗어나고 싶지만 떠나고 싶지 않습니다. 외로워서 누구라도 좋다는 생각에 인연을 만들고 사람과 엮입니다.

손자가 놀러 오지 않아 보고 싶은 고령자는 외로워서 딸이 와주기를 바랍니다. 그리고는 '손자가 걱정된다'며 딸 부부에게 연락하는 자신을 합리화합니다. 자기 마음대로 행동하면서 '내가 힘들어서' 그런 것이니 괜찮다며 자기 합리화를 하는 사람도 많습니다.

---

25) 롤로 메이, 《The Meaning of Anxiety(불안의 의미)》

정체성이 확립되지 않으면 타인의 존재가 너무 중요해집니다. 카렌 호나이는 바이탈 임포턴스(Vital importance)라고 말합니다. 신경증이 있는 사람에게 타인의 호의는 생명과도 같은 중요한 의미를 가집니다.

타인의 반응이 중요해지면 상대를 놀라게 하려고 무언가를 하지만, 자신이 기대한 만큼 놀라워하지 않으면 상처를 받습니다. 기쁘다는 감정도, 상처받아 불쾌한 감정도 모두 타인의 반응에서 비롯됩니다.

즉 자신이 기대한 만큼 반응해 주면 기쁘고, 기대보다 반응이 없거나 무시당한다고 느끼면 상처받고 불쾌해합니다. 남의 말에 일일이 징징거리기도 하고, 자존심이 상했다며 신경증 증상을 보입니다.

'너 따위에게 그런 말을 들을 이유 없어!', '너 따위보다 내가 훨씬 잘 알아!' 이렇게 남의 말에 짜증을 내게 되면 타인이 너무 중요해집니다. 나 자신이 없어집니다.

매우 어렵겠지만, 심리적으로 순조롭게 성장하면 피터 팬 증후군이나 번아웃 증후군, 우울증 같은 마음의 병에 걸리지 않고 자기 나이에 맞게 제대로 살아갈 수 있습니다. 요컨대 심리적, 육체적, 사회적 세 가지의 나이에 심각한 차이가 없어집니다.

《번아웃 증후군》의 저자인 프로이덴베르거(Herbert Freudenberger)는 친한 사람을 만드는 이유가 번아웃을 막기 위해서라고 말했습니다. 50에 임원이 되자마자 번아웃 증후군이 온 사람에게 그는 친한 사람을 만들면 좋다고 조언했습니다. 정말 맞는 말입니다. 하지만 현실에서는 말 그대로 되지 않는 일이 너무나 많습니다. 친한 사람을 만드는 일에도 마음의 순서가 있어서입니다.

번아웃 증후군은 심리적인 성장 과정을 정상적으로 거치지 않은 사람에게 많이 나타납니다. 극단적으로 말하면, 부모에게서 심리적으로 자립하지 않은 채 50이 되었고, 임원으로 승진했지만 마음이 통하는 사람이 없습니다. 노력한다고 친한 사람이 생기지 않습니다.

활발해 보이지만 그런 모습은 노이로제로 인한 행동일 뿐입니다. 불안해서 하는 일에 지나지 않습니다. 자신의 에너지에서 나오는 활동이 아닙니다.

사랑받고 있다는
자기 이미지를 찾다

———

　　　　　　　　　　몸이 안 좋아서 고민하는 남성이 있
었습니다. 사회적으로 성공하기를 원했지만 소망을 이루
지 못했습니다. 그리고는 "사회적 성공은 뭔가 시시하다,
의미가 없다, 가족이야말로 큰 가치"라고 말했습니다. 그
런데 사실 그는 가족이 싫었습니다. 무의식에서 가족은
삶의 보람이 아니었습니다.

　그런데 어느 순간, 무의식 속 자기 마음을 보게 되었습
니다. 그때까지는 자식과의 관계가 나쁘다고 생각하지

않았는데, 어떤 계기로 알아차리게 되었습니다.

그 남자는 의존중으로 자식을 조작하고 있었습니다. 바로 네크로필로스[26]의 심리 상태였습니다. 아이는 부모의 가냘픈 목소리에 조작되어 30년을 살아야만 했습니다. 부모의 감정적인 폭력을 견뎌내야 했습니다. 이 사람은 사회적·육체적으로 30이 되었지만 심리적으로는 여전히 세 살이었습니다.

그런데 다르게 생각하면, "잘 견뎠다, 훌륭해!"라고 말할 수 있습니다. 이것이 정체성을 다시 세우는 첫걸음입니다. 과거에서 벗어나려면 '나는 사랑받고 있다'는 자기 이미지를 확실하게 다시 세워야 합니다.

누군가가 나를 좋아하지만 그걸 모르는 때도 있고, 반대로 나를 싫어하는 사람을 친구라고 생각하기도 합니다. 이렇게 자기 능력에 한계가 있음을 인식해야 합니다. 현실을 부인하거나 과거에 집착하고 있는 것은 아닌지

---

26) 죽음을 사랑하는 심리 상태로, 죽음을 받아들인다는 의미가 아니라 죽음을 애증한다는 의미. 즉, 죽어서 천국에 가야하고 순교해야 한다고 말하지만, 실제로는 죽음을 무서워하고 자신만을 사랑하는 자기애적인 경향. 타인에게는 파괴적인 영향력을 행사한다.

알아차려야 합니다.

관점을 넓히면 스스로 마음을 챙기게 됩니다. 그러다 보면 '자신의 본모습'을 알게 되고 심리적인 어려움에서 탈출할 수 있습니다. 이것이 정체성을 세우는 출발점이 됩니다.

단계를 밟아 차근차근 성장해 온 사람은 인생에서 새로운 시기가 오면, 이것을 받아들이고 새로운 삶의 의미를 찾습니다. 그 시기에 맞게 인생의 기준을 변경합니다.

내적인 힘으로
남에게 휘둘리지 않는다

―――

왜 남에게 휘둘릴까?

왜 미움받는 게 두려울까?

왜 인정받고 싶을까?

정체성이 확립되어 있지 않아서입니다. 남의 말이나 행동에 지나치게 선뜻 응하거나 의존하는 현상, 가면 증후군 같은 증상은 모두 같은 이유에서 비롯됩니다. 자신이 누구인지 모르는 채로 사는 두려움에서입니다.

정체성을 확립하지 못하면 교활한 사람에게 농락당하기도 하고, 노력하고 성실하게 살아도 괴롭기만 한 인생이 됩니다.

게다가 자신을 농락한 사람을, '좋아한다'고 착각하기도 합니다. 물론 무의식에서는 싫어하지만, 의식에서는 좋아합니다. 이 역시 정체성이 확립되어 있지 않아 외로워서, 친구를 원하기 때문입니다. 그래서 '자신의 본모습'과 반대되는 마음에 매달립니다.

또 자신이 고립되어 있음을 의식하는 것이 두려워서 고독감을 억압합니다. 하지만, 고독감을 억압해도 그런 감정이 사라지지는 않습니다.

상대를 이용하는 교활한 사람은 상대를 이용할수록 자신의 그런 행동이 당연하다고 느낍니다. 오히려 이용할 수 없으면 분노를 느낍니다.

이용당하는 사람은 이용당할수록 자신이 싸구려라고 느낍니다. 살 가치가 없다는 생각에 필사적으로 이용당하려고 합니다.

결국, 무의식에서는 구역질이 날 정도로 싫어하는 사

람을 의식적으로는 존경하고 미움받는 것을 두려워하게 됩니다. 겉으로는 괜찮아 보여도, 그러한 사람의 내면은 손댈 수 없을 만큼 크게 혼란스럽습니다. 자율신경실조증(자율신경계의 조절이 제대로 이루어지지 않는 증상)과 같은 증상이 그 예입니다.

우리는 성장하면서 심리적인 혼란에 직면하지 않을 수 없습니다. 성장하는 과정에서 언젠가는 극복하지 않으면 안 되는 어려움을 만납니다. 그럼에도 이를 극복하지 못하면 인생 자체가 막막해질 뿐입니다. 그렇게 되지 않으려면 자신의 내적인 힘을 키워야 합니다.

내적인 힘은 자신만의 고유성으로 정체성을 확립하게 합니다.

자기소외와
정체성

———

　　　　　　정체성을 확립하려면 자아실현을 하
는 인생을 살아야 합니다.

　아무리 유명 대학을 졸업하고 좋은 기업에 취직해도
그것만으로 정체성을 확립할 수는 없습니다. 대학에서
자아실현을 할 수 있었다면, 그 대학 졸업이 정체성을 세
우는 하나의 요인이 될 수 있습니다. 그러나 대학을 타
성으로 다니며 공부에도 흥미가 없고, 친한 친구도 없고,
동아리 활동을 포함해 아무것도 열중할만한 것이 없었

다면 어떨까요?

물론 그 대학을 졸업한 건 틀림없기에 졸업장으로 사회적 정체성을 획득할 수 있을지 모르지만, 인생의 버팀목이 되는 심리적인 정체성을 가질 수는 없습니다. 가령 사정이 있어 중퇴를 했더라도 재학 중에 열중할만한 것이 있었다면, 그 대학을 다닌 것 자체가 마음의 버팀목이 될 것입니다.

사회적 이력서와 마음의 이력서는 다릅니다. 사회생활의 이력이 아무리 훌륭해도 마음속 버팀목이 없는 사람에게는 마음의 이력서가 없습니다.

특히 자기소외 상태에서는 정체성을 갖기 어렵습니다. 그런 사람은 아무리 훌륭한 이력을 가져도 심리적으로는 불안합니다. 사회적으로 성공해도 자율신경실조증을 앓거나 불면증, 편두통으로 몸이 불편해지기도 합니다. 때로는 우울증에 걸리기도 합니다. 50에 회사에서 임원이 되어도 청년기에 정체성을 확립하지 못한 사람은 매일 탈진되어 마음속으로 비명을 지르고 있을 것입니다.

하지만 정체성이 확립되어 있으면 어떻게든 장년기의

인생에서 살아남습니다. 현실의 고통은 피할 수 없다고 해도 끝까지 살아남습니다.

"사회적 감정 없이는 인생의 과제들을 해결할 수 없다"라고 알프레드 아들러는 말했습니다. 맞는 말이지만, 저는 더 나아가, 정체성 없이는 인생의 과제들을 해결할 수 없다고 생각합니다.

정체성을 확립할 수 있다면 고통스러운 일도 어떻게든 벗어날 수 있습니다. 다른 사람과도 어떻게든 협력할 수 있습니다.

정체성의 확립은 청년기에 해결해야 할 과제인 것은 확실하지만 그 시기만의 문제는 아닙니다. 어릴 때부터 쌓인 심리적 경험들이 이어져 정체성이 형성되므로, 그때그때 부딪히는 심리적 과제를 해결하는 것이 중요합니다.

이렇듯 그때그때 마음의 갈등에 직면할 수 있다면, 정체성 형성에 이바지합니다. 그렇지 못하고 부모나 권위에 반발해 반사회적인 행동을 하거나, 술로 도망쳐 알코

올에 의존하게 되면 정체성은 확립되지 못합니다.

혹은 합리화, 현실 부인, 책임 전가에 더해 마지막에는 자신의 진실한 감정마저 억압하는 자기방어를 하게 되면 정체성을 확립하는 길에서 점점 멀어집니다.

다른 사람에게는 물론 자기 자신에게 '나는 이런 사람이다'라고 가슴을 펴고 말할 수 있게 되면, 그 관점에서 정체성이 확립됩니다. 이것은 '마음의 편안함'으로 증명됩니다.

또 한참 지나서라도 '그때 실은 그 사람들이 싫었다'는 걸 알아차린다면, 정체성을 세울 수 있는 계기는 붙잡고 있는 것입니다.

나에게는
나의 길이 있다

———

청년기에 정체성을 확립하면 인생에서 적절한 목적을 향해 열심히 나아갈 수 있습니다. 아무리 열심히 해도 번아웃되지 않습니다. 남과 자신을 비교하지 않고 자기를 멸시하지 않습니다.

남과 자신을 비교하는 사람

- 열등감이 있다.
- 정체성이 확립되어 있지 않다.

정체성이 확립되어 있지 않으면, 자신에 대한 평가가 심하게 달라집니다.

정체성이 확립된 사고방식의 특징

- 나에게는 나의 길이 있다.
- 나의 운명을 받아들인다.
- 남과 비교하지 않는다.

미국의 심리학자인 데이비드 시버리(David Seabury)는 "I am not like that"이라고 말했습니다. 왠지 자기 자신을 배반하지 않으면 안 될 것 같은 상황에 놓였을 때 "나는 그런 사람이 아니다"라고 말하는 용기, 이것이 바로 정체성입니다. 즉, '나에게는 나의 인생이 있다'는 말입니다. 그런 사람은 번아웃되지 않습니다.

번아웃 증후군이 있는 사람은 약점을 숨기는 능력이 뛰어납니다. 하지만 숨겨진 약점은 그 사람에게 심리적으로 큰 문제가 됩니다. 늘 긴장 상태여서 카테콜아민[27]이 증가합니다. 방어적 가치로써 정체성은 진정한 의미에서 정체성이 확립되었다고 볼 수 없습니다.

자아 가치가 붕괴되는 것을 방어하려고 '나에게는 나의 인생 있다'고 주장하는 경우가 많지만, 이것으로 심리적 과제가 해결되지는 않습니다. 이렇게 되면 부당할 정도로 타인이 중요해집니다. 그런 가치관으로는 어디까지나 남을 의식하며 살 수밖에 없습니다.

인생을 마주하는 태도가 어떤지에 따라 우리는 삶의 의미를 갖기도 하고, 반대로 무의미함에 괴로워하기도 합니다.

정체성을 확립하지 못한 사람은 뿌리 없는 풀과 마찬가지입니다. 뿌리 없는 풀이 되면 현실도피를 하거나 외화(外化, 주체의 목적이나 개념이 외적인 사물로 됨)로 보게 됩니다. 즉, 마음속으로 상상한 것을 현실로 보고, 실제 현실을 보려 하지 않습니다.

현실에서 케이크를 만들어 보면 '나도 할 수 있다'는 자신감이 생길 것입니다. 매일매일의 과제를 해결해 나

---

27) 아미노산 타이로신에서 유도되어 호르몬이나 신경 전달제로 작용하는 화합물을 통틀어 지칭한다.

가면 사는 재미는 물론 문제해결 능력도 생깁니다. 이렇게 인생의 과제를 하나하나 해결해 나가면서 정체성은 확립됩니다.

다행히 청년기에 풀어야 할 과제를 잘 극복하면, 타인에게 악의를 품지 않고 이익을 위해 누군가에게 잘 보일 필요 없는 인간관계를 만들어 갈 수 있습니다. 이것이 결과적으로 장년기가 되면 인격적인 성숙으로 이어져 편안한 마음을 유지하게 됩니다. 자기 집착 때문에 남을 배려하는 거짓된 행동을 그만두게 됩니다.

'도와주고 싶고, 도와줄 수 있는 사람이 되고 싶다.'

그러한 상호 관계 속에서 협력할 수 있고 마음이 통합니다. 서로 이해할 수 없다면 이런 관계는 불가능합니다.

청년기는 '생산적 준비'를 하는 과도기입니다. 다시 말해 비생산적인 태도에서 미래를 위해 생산적인 삶의 자세를 준비하는 기간입니다. 그리고 장년기는 내가 모은 에너지를 '자기실현으로 바꾸어내는' 시기입니다.

한때 '모라토리엄 인간'[28]이라는 말이 유행했습니다. 사회인이 되는 것을 거부하는 모라토리엄 인간은 현실에 전념하지 않습니다. 공동체 감정이 없습니다.

그러나 생산적 준비가 된 사람은 청년기부터 공동체 감정이 형성됩니다. 나만 좋으면 된다고 생각하거나 책임 전가를 하지 않습니다. 타인에게 부담을 주는 일이 나에게 이득이 된다고 생각하지 않는 것입니다.

이런 사람이 장년기의 과제에 정면으로 맞붙을 수 있습니다.

---

28) 모라토리엄(moratorium)은 유예기간을 뜻하는 경제 용어다. 심리학자 E.H.에릭슨이 사회심리학적인 용어로 사용하면서 주로 사회적 자아를 확립하고 사회적 책무가 따르는 성인이 되기를 유예하는 사람을 가리키는 말로 쓰인다.

Chapter 6

자기 인식

자기 집착에서 해방되다

과거의 심리적 문제를 해결하지 않고 중년기를 넘어가려고 하면 안 됩니다.
우선 내 나이에 맞는 '심리적 나이'를 찾는 것이 중요합니다.
50이 되어 어떻게 살아야 할지 모르겠다면
아직 남아있는 마음속 상처부터 해결하도록 노력해야 합니다.

의식 영역을 확대하여
자기 집착에서 벗어나다

———

　　　　성장하는 동안 우리는 현실에서 이상 적인 코스만을 밟지는 못합니다. 부모도 인간이기 때문에 항상 이상적일 수는 없습니다.

　소년기 다음은 청년기입니다. 앞에서 살펴본 대로, 이 시기는 생산성을 준비하는 기간입니다. 이를 위해 필요한 '정체성 확립', '흥미에 대한 각성', '시야의 확대'가 청년기의 과제입니다.

　그 후에는 중년기의 과제가 기다리고 있습니다. 바로

'자기 인식(Self-awareness)'입니다. 자기 인식이란 나의 본모습을 알아차리고 의식 영역을 확대하는 것입니다. 다르게 표현하면 자기 집착에서 벗어나는 것입니다.

'왜 나는 불안을 느끼는 걸까?'

우선 그 원인을 확인해야 합니다. 다소 고지식한 사람은 자신의 나약함을 극복한다는 생각으로 수행에 나섭니다. 자신을 단련한다는 생각으로 달리지만 막연한 불안에 시달리면 '수행'이라는 이름 아래 참선을 해도 성격만 비뚤어질 수도 있습니다. 이는 자신을 단련하는 것이 아니라, '자신의 본모습'을 직면하는 일에서 도망치는 것입니다.

또한 외화(外化)를 알아차리는 것도 중요합니다. 외화란 마음속에서 일어나는 일을 현실로 간주해 버리는 것입니다. 자신의 연인이 이상적인 여성이기를 바라고, 남편이 이상형이기를 바랍니다. 그러고는 현실의 연인을 바라보지 않고 이상형의 여성으로 만들어 버립니다.

이렇게 되면 현실의 어려움을 견디지 못해 현실을 부인하고 외면하면서 살아가게 됩니다. 현실을 들이대면 괴로워서 졸도할지도 모릅니다. 그러나 현실은 현실입니다. 상대는 여신도 아니며 백마 탄 기사도 아닙니다.

짜증의 원인 역시 내가 나 자신에게 화가 나 있어서, 실은 불안하기 때문입니다. 이를 깨달을 때 나의 본모습을 알게 되고 집착에서 벗어날 수 있습니다. 현실의 나를 받아들이고 탓하지 않는 것이 중요합니다.

이런 내면적 요인의 발견으로, 우리의 영혼은 더욱 새로운 통찰력을 가지게 됩니다.[29]

'걱정이란 노이로제의 첫 단계입니다. 우리는 불안을 해결하지 못하면 그 녀석을 덮어 숨겨 버리고 그 녀석이 쌓이면 정신적으로 병이 나게 됩니다.'[30]

---

29) 데이비드 시버리, 《心の悩みがとれる(마음의 고민이 사라지다)》
30) 29)와 같은 책

나를 알면
트러블이 사라진다

———

운 좋게도 청년기에 사랑을 받은 사람은 그 이전에 가혹한 경험이 있더라도 과거에서 해방될 수 있습니다. '너는 살 가치가 없다'는 파괴적 메시지에서 벗어날 수 있습니다.

본래 자신이 어디에 있어야 하는지 깨닫게 되면, 지금 다른 곳에 와 있다는 걸 알게 됩니다. 열심히 노력하고 살아왔는데도 인생이 막막해졌을 때는 작은 물고기가 일부러 상어에게 잡아먹히려고 상어가 있는 바다로 나갈 필요는 없습니다. 자신의 분수를 알아차리게 되면 감정이나 인격을 재구성할 수 있습니다. 그러면 어떤 것을 알아차려야 할까요?

> 트러블이 생기면 그 사람은 언제나 주위 사람들을 싫어한다. 스스로 불안해서 그런 것이다. 트러블이 생기는 원인은 그 사람이 안고 있는 기본적 불안 때문이다.

문제가 생기는 원인을 알고 있으면 트러블에 대처하는 방법이 달라질 수 있습니다. 회사에서 아무리 노력해도 맞지 않는 상사와는 거리를 두면 그만큼 트러블이 적어집니다. 예를 들면 송년회나 신년회 같은 공식 일정에만 참석하고, 사적인 회식을 하지 않습니다.

'어른 아이'는 싫어하는 상사에게 아첨하기 때문에 마음속에서 트러블이 생깁니다. 아첨하는 이유는 불안하기 때문입니다. 그런 자신의 마음을 깨닫지 못하면 아무리 아첨하지 않겠다고 마음먹어도 그렇게 행동해 버립니다.

또 '어른 아이'는 자신은 약한 사람인데 타인에게는 강한 사람으로 보이게끔 행동합니다. 자신은 쥐인데 상대에게는 사자로 보이게 합니다.

자기 집착에 빠진 사람은 자기 모습을 알아차리지 못하고 상대를 배려하지 않습니다. 어쨌든 '어른 아이'는 자기중심적이어서 나이를 먹어도 다른 사람에 대한 배려가 없습니다. 다른 말로 하면, 사회 속에서 살지 않습니다.

또 누군가를 싫어한다는 감정보다 외로움을 더 강하게 느낍니다. 그래서 자신을 외롭게 하는 사람이 싫지만 그 사람이 싫다는 감정을 무의식으로 보내버립니다. 그래서 싫다는 감정을 알아차리지 못합니다.

요컨대 트러블이 많은 사람은 그 사회적 나이에 어울리는 심리적 성장을 하지 못합니다. 사자를 만나더라도 사실은 자신이 쥐라는 것을 알고 있으면, 상대를 관찰할 수 있습니다. 자신을 알고 있으면 됩니다.

트러블은 자기 자신을 보지 못하는 사람의 세계에서 일어납니다.

먼저
심리적 자립부터

———

인생의 과제를 해결하지 않은 채로 60, 70이 된 사람은 심리적인 갈등을 외면하기 위해 다시 한번 현실을 부인합니다.

청소년기의 문제를 해결하지 못하고 청년기에 들어가면 자신이 가치 있는 존재라고 확신하지 못합니다. 즉, 자기 긍정의 힘이 없습니다. 청소년기의 과제를 해결하지 못한 불만이 편도핵[31]에 축적되고 여러 경험이 편도핵에서 반응합니다. '상냥한 미소'로 다른 사람의 마음에 들려고 하거나, 거절당하는 것이 두려워서 자기주장을 펴지 못합니다. 그래서 자아의 확인을 타인에게 더욱 의지합니다.

이것이 결국 성장하는 데 걸림돌이 되어 자아실현을 하며 살 수 없습니다. 자신의 능력을 발휘하는 기쁨을 경험하지 못해 청년기에 자아동일성[32]을 형성할 수 없습니다. '나는 누구일까'에 대한 관심보다 타인에게 인정받는 것에 관심이 갑니다.

소년기의 과제는 의존심에서 자립심으로 방향을 바꾸는 것입니다. 이것에 성공한 사람은 청년기가 되면 자립하기 위해 노력합니다. 자신이 노력하는 방향이 틀리지 않았기에 사회적으로 성공하든 실패하든 인생에서 충족감을 느낍니다.

소년기의 축적된 감정적 기억 위에 해결되지 못한 청년

---

31) 편도핵은 신경학적으로 불안과 관련되어 있다고 알려져 있으므로, 여기서는 신경정신의학적인 의미로 사용된다.
32) 타인과 구별되는 한 개인으로서 현재의 자신은 언제나 과거의 자신과 같으며 미래의 자신과도 이어진다는 생각. 에릭슨(Erikson, E. H.)의 자아 심리학이나 올포트(Gordon Willard Alport)의 인격 심리학에서 사용한 개념이다.

기의 과제들이 쌓입니다. 그러므로 소년기의 과제를 해결하지 못하고 청년기가 되면 다른 사람에게 인정받고 싶어서 잘하지 못하는 일에 승부를 거는 경우가 많습니다.

자신의 적성을 잘못 이해하기도 합니다. 시인이 어울리는 사람이 정치가를 노리기도 합니다. 이런 실수는 주변 세상의 기대에 따르려고 하기 때문입니다.

심리적 과제를 해결하는 방법은 '현실을 직면'하는 것입니다. 그때그때 심리적 과제를 해결하고 살아온 사람과 아무것도 해결하지 않은 채 살아온 사람이 있습니다. 이 둘은 육체적·사회적으로 같은 나이가 되어, 같은 체험을 해도 각자 전혀 다르게 해석하고 느낍니다.

심리적으로 그 시기의 과제를 해결하고 자신이 사회속에서 어디에 있는지 알고 있으면, 사회생활에서 부딪히는 어려움을 하나하나 헤쳐 나갈 수 있습니다.

프로이덴베르거는 번아웃 증후군인 사람을 '선의의의도'와 '잘못된 선택'이 낳은 결과라고 말했습니다. 선의의 의도만으로는 인생의 문제를 해결할 수 없습니다.

한스 셸리(1958년 스트레스 연구로 노벨 의학상을 수상) 박사는 인간은 크게 경주마와 거북이로 구분된다고 말했다. 경주마는 태어나면서부터 달리는 것이 사명이기 때문에 우리 안에 갇히면 죽어 버린다. 반면 거북이는 자기 페이스로 천천히 한 걸음씩 나아가는 성질을 타고났다. 거북이를 너무 빠른 쳇바퀴 위에 올려 무리하게 달리게 하면 피로해서 죽어 간다.

자신이 경주마의 특성을 가지고 태어났는지, 거북이로 살아갈 운명을 타고났는지 분명히 판단해야 한다. 자신의 페이스에 맞추어 행동하면, 스트레스도 생기기 어려울 것이다. 자신다운 방식으로 주위와 균형을 잡고 적응하며 사는 것이 심신의 건강을 유지하는 데 중요하다.[33]

---

33) 데니스 웨이틀리,《The Psychology of Winning(승자의 심리학)》

나의 위치를
안다

———

       모라토리엄 인간은 인생의 전쟁터에 나가고 싶지 않은 사람입니다. 어머니와 자식의 관계처럼 자신이 언제까지나 특별한 존재가 되기를 원합니다. 실행하지 않고 큰소리만 쳐도 용서받는 세계에 살고 싶습니다. 칭찬받고 싶은 마음에 자신의 적성을 잘못 알고 맞지 않는 길을 걷기도 합니다.

다른 사람을 배려하는 것은 그리 간단한 일이 아닙니다. 코로나바이러스가 기승을 부린 2021년 정월, 밀접

접촉을 피해야 하니 신년 참배를 자제해 달라고 할 때였습니다. 그런데 TV에 나온 한 사람이 "신년 참배에 가서 코로나바이러스가 수습되도록 기원했습니다"라고 아무렇지도 않게 말하는 것이었습니다. 타인에 대한 배려가 없는 사람입니다. 사회 속에서 살지 않는 사람입니다.

'사회 속에서 내가 어떠한 위치에 있는지, 그에 따라 어떻게 행동해야만 하는지?'

이것을 이해하는 것이 청년기입니다. 청년기에는 자신을 바라보고 타인과의 관계를 모색하여 정체성을 확립해 갑니다.

이러한 과제를 해결하지 않는 채로 사회에 나와 버린 사람이 많습니다. 청년기에 자기 안의 '내적인 힘'을 키우는 여유가 없었기 때문입니다. 그 결과, 사회 속에서 자기 위치를 모릅니다. 그런 사람들은 자신을 환영해 주는 장소가 있는데도 그 장소에 불만입니다. '실제의 모습' 이상을 보여주려고만 합니다.

누구나 자기 위치가 있습니다. 정체성이 확립되지 않은 사람은 자기 위치를 모릅니다. 이런 상태로 중장년기가 되면 나서기를 좋아해서 주변 사람들의 미움을 사기도 합니다. 청년기의 과제를 회피하고 살아와서 사회적으로 아무리 성공해도 개인의 삶에서는 비틀거립니다.

나라는 존재는 무엇일까?
다른 사람들이 나에게 무엇을 기대할까?
내가 잘하는 분야가 무엇일까?

이것을 아는 사람은 자기를 소외하지 않고 현실에 전념합니다. 사회 속에서 자신이 어디에 있는지 잘 압니다. 모라토리엄 인간을 뛰어넘어 자신만의 일하는 방식을 정합니다.

심리적 성장 속도는
사람마다 다르다

────

앞에서 살펴본 대로 청년기의 과제인 '흥미에 대한 각성'을 방해하는 장애물은 바로 무의식에 축적된 '증오'입니다.

열등감으로 현실을 부인하고, 거기에서 나온 방어적 태도로 비현실적인 요구에 매달리면 자신이 어떤 것에 흥미가 있는지 알 수 없게 됩니다. 또 이렇게 시간이 흐르면 중년기에 가져야 할 '책임감'이 생기지 않습니다.

프로이텐베르거는 현실을 계속 부인하면 우선 자기

자신에게서 괴리가 시작된다고 말했습니다.

"처음에는 자신의 감정에서 괴리되고, 다음엔 자신을 믿는 의지를 잃어버린다."

즉, 자기소외 상태가 됩니다. 그렇게 되면 무엇을 해도 열중하지 못하고 어떤 체험을 해도 마음에 깊이 남지 않습니다. 마음이 거기에 없어서 그 일을 진심으로 체험할 수 없습니다. 기쁠 때도 슬플 때도 그것은 자기 자신의 감정이 아닌, 남에게 보여주기 위한 것입니다. 색깔도 없고, 냄새도 없고, 소리도 없는, 아무것도 없는 무미건조한 세계에서 살게 됩니다. 그대로 가면 최악의 상황에는 사람 사이가 이어지지 않은 환상의 세계에 빠지게 됩니다.

이러한 자기소외는 현실에 전념하지 않는 모습과 깊은 관계가 있습니다.

자기소외를 하면 싫어하는 사람을 좋아한다고 생각합니다. 자기실현을 하지 못하고 그 시기에 풀어야 할 과제를 해결하지 못한 채 살아가면, 결국 그다음 시기로 나아가지 못합니다.

청년기에 자기소외를 하면 중년기를 지나 고독한 노년기를 맞이하게 됩니다. 아무리 사회적으로 성공해도 자기를 소외했다면, 그 사람의 사회적 이력서에는 업적을 쓸 수 있을지라도 마음의 이력서에는 아무것도 쓸 수 없습니다. 그 시기의 체험들이 마음에는 아무것도 남지 않아, 마음의 버팀목이 없습니다.

'자기소외는 모든 신경증의 발현에서 핵심이 되는 문제입니다.'[34]

카렌 호나이는 신경증에서 비롯된 사회적 성공은 복수의 승리감을 맛보기 위함이라고 말했습니다. 이러한 성공은 마음의 버팀목이 되어 주지 못합니다. 점차 마음의 버팀목을 잃은 나약한 인간이 되고 맙니다.

성공하려면 먼저 자기 자신을 잘 아는 것부터 시작해야 한다. 이는 자기 자신을 직시하고 속이지 않는 것이다. 자기 인식의 상태를 언제나 점검하

---

34) 카렌 호나이,《Neurosis and Human Growth(노이로제와 인간 성장)》

고 검증하는 것이 필요하다. 자신을 알고, 자신의
능력을 믿고, 동시에 향상심을 잃지 않는 것이 성
공의 비결이라고 할 수 있다.[35]

'성공하려면 먼저 자기 자신을 잘 아는 것부터 시작해
야 한다.' 정말 맞는 말입니다. '자기 자신을 잘 아는 것'
이란 '자신의 심리적 나이를 아는 것'을 의미합니다.

인간은 각자 다른 것이 당연하다. 겉모습이 똑같
은 일란성 쌍둥이조차 지문 하나만 찍어봐도 다
르다. 용모나 체격, 발 모양까지 다르듯이 각자의
능력이나 감성, 사고방식도 다르다. 이렇게 외모
가 다른 것처럼 개개인은 다른 렌즈를 통해서 사
물을 보고, 다른 필터를 통해서 느끼고, 다른 소리
를 낸다. 자신과 다른 소리는 회사에서도, 가정에
서도, 국제사회에서도 들려온다. 자신과 다른 사

35) 데니스 웨이틀리,《The Psychology of Winning(승자의 심리학)》

람을 부정하는 데서 아무것도 태어나지 않는다.
다르기 때문에 인간이다.[36]

이 정도로 개개인의 다름을 주장하는 책에서조차 가장 중요한 '심리적 성장'을 언급하지 않았습니다. 50이 되었다고 해서 모두 같은 50이라고 생각하면 인생이 막막해집니다. 이런 사고방식에 사로잡혀 있으면 지옥과 같은 불행한 인생을 살지도 모릅니다.

'나는 심리적으로 몇 살인가?'
행복한 인생의 출발선에 당신이 서 있습니다.

---

36) 35)와 같은 책

나가며

––––––

이 책에서 여러 번 말했듯이 인간에게는 육체적 나이와 사회적 나이, 심리적 나이. 이렇게 세 가지가 있습니다.

심리적 나이는 표면적으로는 바로 알 수 없습니다. 대부분은 자기 자신도 심리적 나이가 몇 살인지 알지 못합니다. 이력서에도 심리적 나이를 적는 난은 없습니다. 그러나 어느 시점이 되어 인생이 막막해지는지 그렇지 않은지, 이를 가르는 중요한 것이 바로 심리적 나이입니다.

나이를 생각할 때 매슬로가 언급한 '유사 성장'의 개념을 중요하게 꼽습니다. 예를 들면, 사회생활에 잘 적응하고 있어서 주위에서 언뜻 보기에 성장한 사람 같지만, 정서적으로나 심리적으로 어린아이처럼 미성숙한 사람이 있습니다.

이 사람은 현실 적응에는 성공했지만, 본능 방어에 실패한 것입니다. 처음에는 훌륭해 보이지만 나중에는 문제를 일으킵니다. 어릴 때의 시점에서 보면, 베스트 & 브라이티스트한 소년 소녀들[37]입니다. 그리고 자신은 이를 알아차리지 못한 채로 성장해 갑니다.

스스로 유사 성장했음을 알아차리지 못하면 주변 사람과 친해질 수 없습니다. 가까운 사람과의 인간관계에 실패하고, 열심히 일하지만 번아웃 상태가 되기도 합니다.

유사 성장한 사람은 정서적으로 미성숙해도 표면적으로는 정상적인 사회생활을 합니다. 업무도 나름대로 잘 다룹니다. 그러므로 역경에 강한지 그렇지 않은지는 실제 역경에 부딪히기 전에는 모릅니다. 게다가 자신의 의지로, 즉 스스로 원해서 무엇을 한 적이 없습니다. 모든 것은 '주위 사람들이 나를 받아들여 주었으면' 하는 생각

---

37) 데이비드 할버스탐의 저서 《The Best and The Brightest》에서 나온 이야기로 국가정책에 의한 엘리트 육성으로 길러진 젊은 인재들을 의미한다.

에서 한 행동들입니다. 요컨대 외부 요인에 끌려가다 보
니 그렇게 되어 버렸습니다.

이렇게 '내가 무엇을 위해 사는지 모르는' 유사 성장을
하게 되면 번아웃 증후군을 겪기도 합니다.

> 유사 성장은 (억압, 부정, 반동형성 등에 의해) 충족되지
> 않은 기본적 욕구가 충족됐다고 착각하거나, 애
> 초에 그러한 욕구는 존재하지 않았다고 스스로
> 확신하는 사람에게 나타난다.[38]

유사 성장한 사람은 자신의 욕구불만을 알아차리지 못
하고, 가까이 있는 사람들도 이를 눈치채지 못하는 경우
가 많습니다. 매슬로의 말처럼, 이런 사람은 위험한 심리
적 토대 위에 서 있는 겁니다. 그들은 어떤 장애물도 뛰어
넘을 수 없습니다. 역경에 약한 것은 당연합니다.

문제는 자신의 욕구불만을 알아차리지 못할 뿐만 아

---

38) 에이브러햄 H. 매슬로, 《Toward a Psychology of Being(존재의 심리학)》

니라, 알아차리지 못했다는 욕구불만에 스스로 지배당한다는 것입니다. '이러한 욕구는 끊임없이 무의식적으로 그 사람의 심리에 고착되기 때문입니다(반복 강박).'[39] 이러한 욕구란 충족되지 않는 기본적 욕구를 말합니다.

'50이 되면 어떻게 할까?'를 고민하는 것이 무의미한 이유가 바로 여기에 있습니다.

이 책에서 저는 '심리적 나이'의 중요함을 이야기했습니다. 50이 되어 어떻게 살아야 할지 모르겠다면, 지금까지 자신의 인생에 남아있는 마음속 상처부터 해결하도록 노력해야 합니다. 원래 젊을 때 해야 할 것을 하지 못해서입니다.

이 책을 오랜 시간 기다려 준 편집자 미와 켄로 씨와 타카하시 치하루 씨에게 고마움을 전합니다.

---

39) 38)과 같은 책